新医療経済学

NEO HEALTH ECONOMICS

医療の費用と効果を考える

Ii Masako
井伊雅子
Igarashi Ataru
五十嵐中
Nakamura Ryota
中村良太

日本評論社

はしがき

巨額の財政赤字は国家的な課題となっている。その大きな理由のひとつは社会保障給付費で、特に医療費と介護費は毎年数千億円ずつ増えている。これから半世紀の間、日本の財政を圧迫する最大の要因は、年金でなく高齢者向け（65歳以上）の医療と介護の経費である。医療と介護はきわめて公共性の高いサービスであり、特に日本の医療・介護制度には多額の税金が投入されているので、納税者の立場に立って、限られた財源の効率的な使い方を考えることが不可欠である。しかし、日本ではそのような認識が国民、医療関係者の間で必ずしも共有されていないことが医療の本質的な問題のひとつである。そして、この本質的な問題にアプローチするためには、実は経済学がとても有効なのである。

医療者だけでなく、政治家やマスコミの論調でも「経済の論理を医療に持ち込むべきではない。国民に必要な医療を提供するに当たって、経済や財政の立場のみで議論するとはとんでもない。日本の医療を誤った方向へ導いてはならない」といった発言をする人が少なくない。そうした発言をする人は「経済の論理」を「利益を生み出す」という意味で使っていると思われるが、医療の文脈で「経済学」が目指すものは「限られた資源を効率的に利用する方法を提示することにより、国民健康の増進に寄与すること」である。

医療問題を経済学の手法で分析する場合、いろいろな切り口がある。公共経済学、産業組織論、財政学などの応用分野として考えることもできるし、最近はミクロデータを用いた厳密な計量経済分析の研究も盛んだ。ただ、日本の医療経済学研究の現状をみると、残念ながら、手法は厳密でも目の前に山積された重要な政策課題にほとんど答えていない研究が散見される。これはとても残念なことだ。なぜなら前述のように、経済学は医療政策に役立つ多くの知見やツールを提供してくれるとても有用な学問だからだ。

本書では、日本の医療問題が直面している重要な政策課題とは何かを明確にすること、そして、その課題に答えるために必要なデータや分析手法、関連の研究を、日本の文脈を意識しながら紹介していくことが目的である。また本書を通して日本の医療制度の問題点や課題などが伝わるように、読み物としても楽しめる内容にしたい。

新医療経済学——医療の費用と効果を考える　目次

1

なぜ医療で「経済学」なのか

１－１　医療をとりまく現状

医療費の高騰と財政負担の増加

高齢化や技術進歩により医療費や介護費が増え、財政負担が増加している（図１－１）。財政負担を減らす保健医療制度の改革は、国民に痛みを強いると思われがちだが、システムをうまく変えることで、経費を抑制しつつも保健医療制度の質や国民の満足度を高める方策もあるのではないか。高齢化や医療の高度化などによる保健医療関連費の高騰が国家財政を圧迫している国や地域は日本だけではない。しかし多くの国々では、問題に対応するために、医療や介護制度の政策立案に費用対効果の視点を取り入れるなど、実践や研究の蓄積を進めている。一方、高齢化が世界で最も進んでいる日本は、この点で世界に遅れをとっている。とりわけ、医療や社会保障の議論は抽象的になりがちで、世論に訴える力が不足している。

一方で、医療や健康問題に関しては、過度な商業主義が蔓延している。がん検診、遺伝子検査をはじめとするさまざまな検査から、生活習慣病の治療に至るまで科学的根拠（エビデンス）に欠ける不必要な（多くの場合害もある）検査や診療が横行している。一般市民を不安にするようなテレビ番組、雑誌の特集、医療機関の広告などがそうした傾向を助長しており、「医療や健康をお金儲けの手段とする」商業主義の問題は、深刻な状況である。

図1－1　社会保障給付費の増加に伴う公費（税や保険料）負担増加

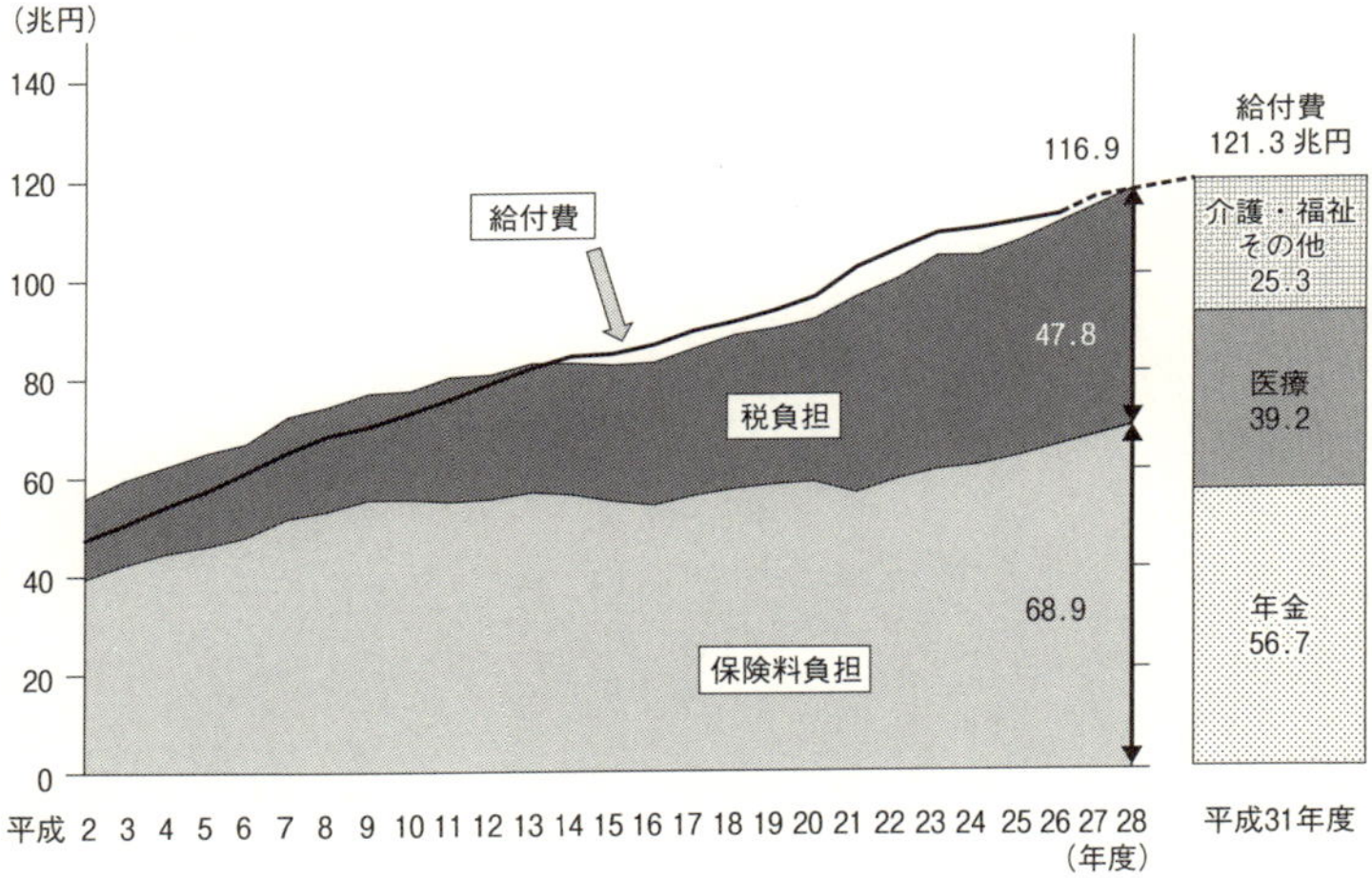

出所）国立社会保障・人口問題研究所「社会保障費用統計」をもとに筆者作成。2019（平成31）年度は厚生労働省（当初予算ベース）による。

日本の「医療費」は本当に低いのか？

日本の医療費はＧＤＰ（Gross Domestic Product：国内総生産）に占める割合がＯＥＣＤ（Organisation for Economic Co-operation and Development：経済協力開発機構）諸国でも低いといわれてきた。しかし前項でみたように日本の財政に占める医療費や介護費の負担の大きさを考えると、高所得諸国でも高齢化が一番進んでいる日本の医療費が低いというのはつじつまがあわない話だ。実は「日本の医療費」を考える上でいくつかの問題点がある。まず、日本では「health expenditure」を「医療費」と訳すことが多いが、ＯＥＣＤが報告するhealth expenditure（保健医療支出）は、介護、予防、公衆衛生などを含むより広い概念である。ＯＥＣＤは、２１０５年までは経常支出と資本形成を合計し「total health expenditure（総保健医療支出）」として報告していたが、２０１６年からは経常支出と資本形成を合計せず、経常支出のみを「health expenditure」として報告しているため、ここでも「保健医療支出」とする。しかし日本の保健医療支出では、介護、予防、公衆衛生に関する費用に推計漏れが指摘されている。

「医療費」の定義だけでなく、制度上の問題点もある。日本における医療関係の統計は、総務省統計局がすべてを把握しているわけではなく、厚生労働省や地方自治体が主に把握している統計もあり、全体像がつかみにくい。例えば、日本における重要な各種の医療統計についても、「国民医療費」は厚生労働省、「社会保障費用統計」は国立社会保障・人口問題研究所、「保健医療支出」は医療経済研究機構、などさまざまな省庁や外郭団体が作成しており、必ずしも組織的な統制が取れていない。一方で、英国やオランダなど主要国は「保健医療支出」は統計局が管轄しており、ＯＥＣＤのＳＨＡ（A System of Health Accounts）ガイドラインの変更などにも政府が責任を持って的確に対応出来る体制になっている。

制度上の問題もあり、日本の保健医療支出は改善すべき点の多い統計となっている。特に問題があったのは介護費用の把握だ（西沢　２０１５）。介護費用について、もともとＯＥＣＤによる介護(long-term care）の定義が曖昧であったこともあり、介護の推計方法はＯＥＣＤ諸国間で統一されていなかった。ＯＥＣＤもその問題を認識し、２００６年にはガイドラインを作成するなど、定義の明確化を図ってきた。２０１６年７月から、ようやくすべての加盟国において介護の定義が共有された上で、推計された結果が公表されるようになった。例えば、特に変更の大きかったのは日本と英国をはじめとする4カ国で、英国では、Office for National Statisticsがその理由を詳細に説明している。*1 一方、わが国の政府からは、そうした説明が一切ない。

２０１３年を対象に、介護費用の定義が共有される前（更新前）と共有された後（更新後）の保健医療支出の対ＧＤＰ比をみたのが、それぞれ図１－２と図１－３である。２０１３年を対象とするのは、ほぼすべての国において介護費のデータが取得可能な最新年であるためである。２０１３年の日本の介護保険給付総額約９兆円のうち、６兆円が訪問介護や通所介護などの居宅サービスと地域密着型サービス、３兆円が施設サービスに支出されている。６兆円の居宅サービスのほとんど、および、３兆円の施設サービスの金額の約半分を占める介護老人福祉施設（特別養護老人ホーム：特養）でのサービスは、ＯＥＣＤの保健医療支出に計上されていない。そのため、更新前、日本の保健医療支出は対ＧＤＰ比で10・１％、ＯＥＣＤ加盟諸国中第11位であったが、更新後は11・２％、第２位へと急上昇している。「日本の医療費は低い」というこれまでの通念が覆される結果である。

このように介護費用の推計法は改善をみせているものの、日本では、依然、障害者の介護費用、

*1　http://www.ons.gov.uk/peoplepopulationandcommunity/healthandsocialcare/healthcaresystem/bulletins/ukhealthaccounts/2014における Appendix 3-Reconciliation between health accounts and "Expenditure on Healthcare in the UK" を参照のこと。２０１９年9月1日現在アクセス可。

図1－2　保健医療支出の対 GDP 比（2013年）（介護費の定義の更新前）

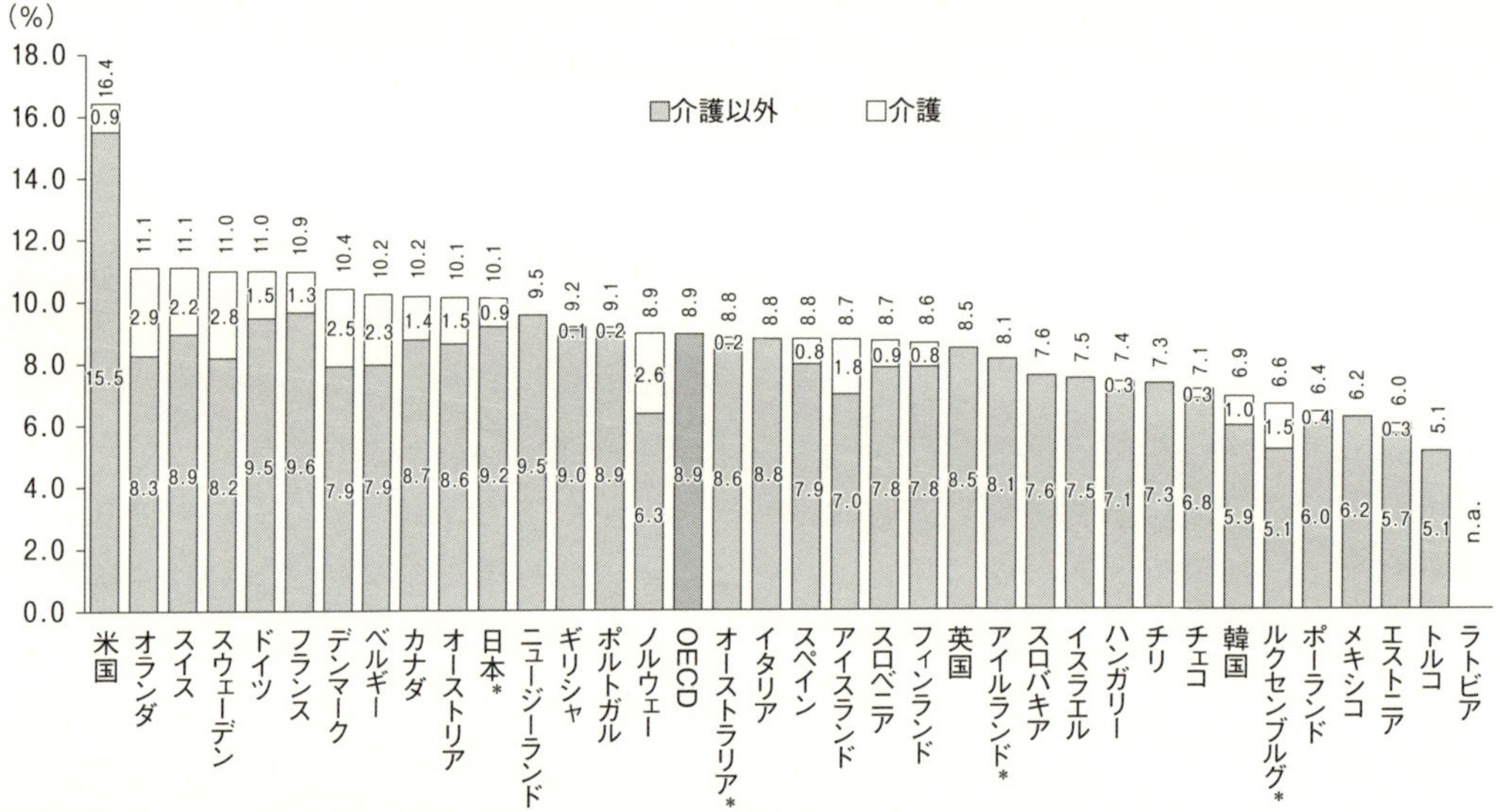

注1）LTC（Long Term Care）を介護と訳している。支出を介護と介護以外とに分けた。
　2）2013年のデータ。＊を付した国は2012年のデータ。内訳も含めた2013年のデータを取得できないため。
　3）小数点以下の数字の処理の都合で、「介護以外」と「介護」の合計の数字と「保健医療支出」の数字が一致しない場合がある。
出所）OECD Health Statistics 2016年6月15日取得データより日本総合研究所作成。

図1－3　保健医療支出の対GDP比（2013年）（介護費の定義の更新後）

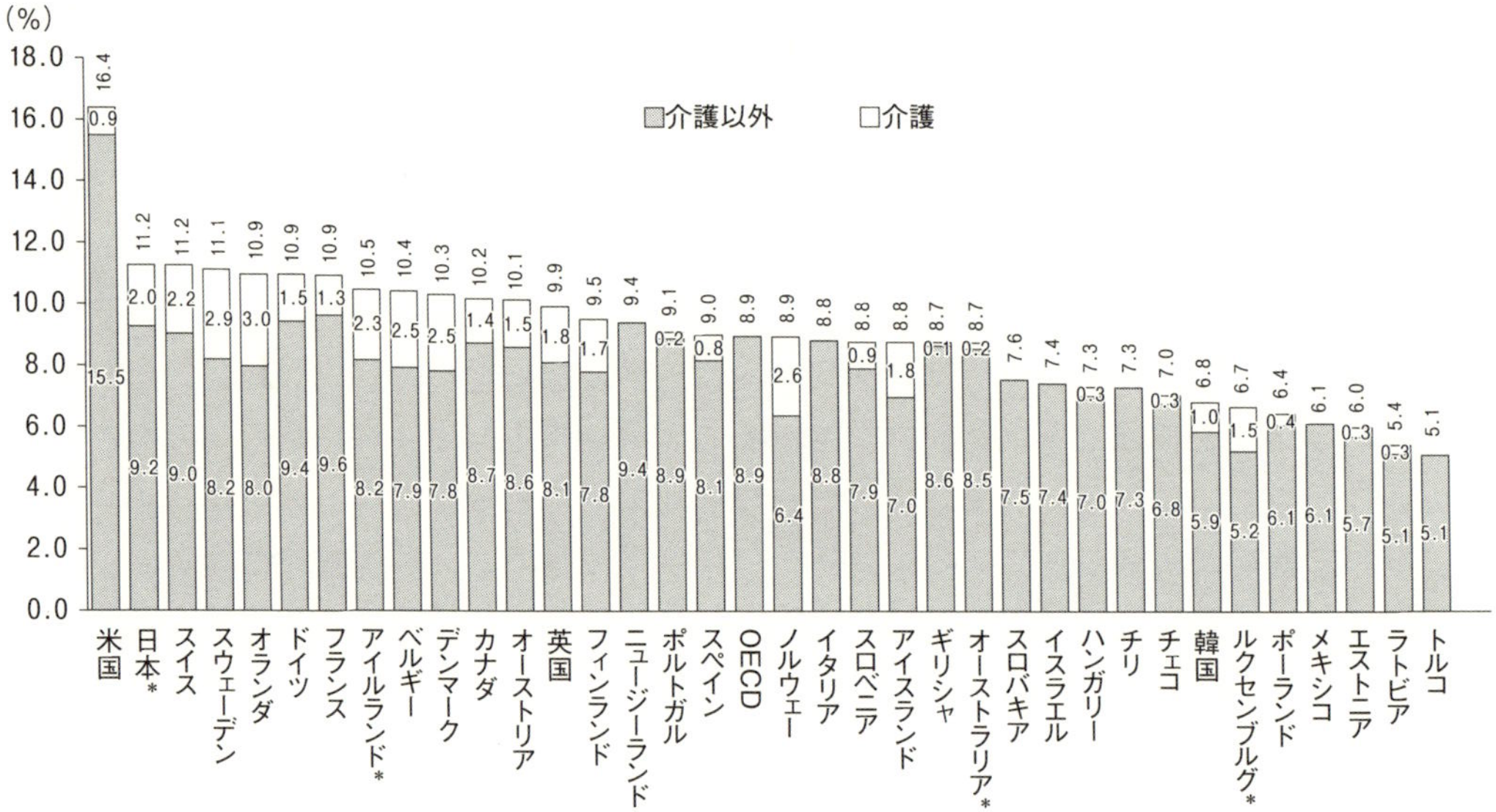

注1）LTC（Long Term Care）を介護と訳している。支出を介護と介護以外とに分けた。
　2）2013年のデータ。＊を付した国は2012年のデータ。内訳も含めた2013年のデータを取得できないため。
　3）小数点以下の数字の処理の都合で、「介護以外」と「介護」の合計の数字と「保健医療支出」の数字が一致しない場合がある。
出所）OECD Health Statistics 2016年7月7日取得データより日本総合研究所作成。

特別養護老人ホーム居住費・食費などの自己負担分が計上されていないなど課題が多い。加えて、予防費用に関しても、地方自治体が実施するがん検診やその他の各種健診、健康増進事業などの予防・公衆衛生サービス、地域医療再生基金のような大規模な補助金、企業が行う予防サービスなどは社会保険の範囲外で行われていることもあり、必ずしも適切に反映されているとはいえない。こうした「集計漏れ」を合計すれば、数兆円の単位で過少推計されているとの指摘がある（西沢２０１６）。

こうした論点を整理すると、日本の「医療費（正確には保健医療支出）」は国際的にも低いとはいえない。もっとも保健医療支出の対ＧＤＰ比が上昇したのは、ＧＤＰ推計の影響という指摘もある。Ｒ＆Ｄ（research and development：研究開発）が中間投入から最終需要になっているので、Ｒ＆Ｄが多い国のＧＤＰは、ＳＮＡ（System of National Accounts：国民経済計算）の基準改定で相対的に増え、health expenditure 対ＧＤＰ比は小さくなるためだ。しかし、日本の保健医療支出の推計に問題があることには変わりがない。

他の国でも同様の問題が生じている可能性はあるが、統計局が医療費関連の統計を一元的に管理し、推計方法の改善などまで担っている国と比べると日本の医療費統計は問題がより大きいといえる。

そもそも日本の保健医療支出は総額で語られることが多いが、より重要なことは、ＧＤＰに占める総額の医療費の割合が大きいか小さいかよりも、どのような項目にどのくらい使われているのか、それが透明化されており、国民の理解や支持を得ているのかではないだろうか。

1-2 「公共性」の高い財・サービスとしての医療

日本の医療と公共性

医療を私的財として位置付けている米国、公共財に近く位置付けている英国（カナダ、オーストラリアなど英連邦の国々を含む）、北欧やオランダなど、医療の位置付けは時代や個人、地域によっても異なる（河口 2015）。医療を、洋服や外食、旅行といった財やサービスとほぼ同様にみなす場合もあれば、「人の命は地球より重い」という意味で、経済的な制約を医療に課すことをタブーとする考え方も根強い。特に、「公共性」という言葉には多様性があり、議論がかみ合わないこともあるかもしれない（橋本・泉田 2016）。

現在「医療」といわれるサービスの中には、緊急性や重要性の点からさまざまなものが含まれている。本書では、「医療」を国民生活に不可欠なものと位置付けた上で、医療は公共性の高いサービスであり、国民の健康に対して政府がある程度の責任を負うことを前提とする。日本では、ほとんどの医療サービスは公的医療保険を通して賄われており、政府はこの医療制度の運営を通して国民の健康に対する責任を負う。制度運営に責任を持つ政府の重要な役割は、医療供給について公平・公正なルールを設計し、加えて財政面においても制度を持続可能なものにすることである。

ここで、仮に医療財政が純粋な保険で成り立っているのであれば、保険の自治原則が尊重され、保険者が納得する限り、（相応の保険料負担を前提として）いくら資源を使おうが自由ともいえるかもしれない。しかし日本の医療は、「保険」とは名ばかりで、先に示した図１－１に示されているように、多額の一般財源が投入されているため、納税者の立場に立って税を効果的・効率的に使う責任がある。英国やスウェーデンなど、医療制度がすべて税金で運営されている国々では特にその意識は強い。ここで重要なのは、納税者の立場に立った公的医療においては、医療制度の目的は国民の健康全体の改善であり、必ずしも特定の患者グループや、医療者個人の目の届く範囲における患者の健康改善ではないということだ。この目的のためには、医療の目標を社会的合意に基づいて設定し、それに向け、国民に対して透明性のある政策意思決定がなされなければならない。また、公的医療制度の目標とは、必ずしも国民全体の平均的な健康水準の上昇だけではない。不公平な健康格差の是正や、疾病の社会的負担、倫理といった社会的価値も、医療制度運営に反映されるべきである。

日本では「高負担高福祉」「低負担低福祉」などの選択肢からどのような政策を選ぶのか、という議論があるが、日本の医療保険制度は皆保険であり現状では高福祉や中福祉が前提になっており、負担に関しては前述のように多額の税金が使われているので、「限られた資源をより効率的に使う」という考え方が根本にあるべきであろう。

コクランの思想と世界の潮流

「限られた資源の効率的な活用」という視点で優れている国の代表は英国だ。ただ、日本では英国の医療制度は評判があまりよくない。英国の医療制度を経験した日本人の多くが不満や驚きを持つのは、重症度や緊急度に基づいて医療に優先順位が付けられていることだ。しかし、限られた資源の中で効率的に医療を行うことは当たり前のことで、重症度や優先度が高くないものまで同等のアクセスを保証していては、財源がいくらあっても足りない。優先順位を付けて医療を行っても、医療の質は下がらない。

後に詳しく紹介するが、英国では国が責任を持って医療や健康情報の提供を行い、費用対効果分析の研究やその研究結果に基づく政策導入などを世界に先駆けて進めてきた。そうした英国の医療制度には「(受診時の自己負担)無料で公平な医療を全国民に」という理念がある。この理念は英国の医師アーチボルド・コクラン(Archibald Cochrane)の影響が大きい。コクランは「治療はすべて無料」と言っているのではなく「有効な治療はすべて無料(all effective treatment must be free)」、つまり「有効(effective)」なもののみが無料であるべきと言っているのだ(Cochrane 1972)。効かないものにお金を使うのは無駄であるので、介入の有効性を示す科学的根拠が不可欠となる。臨床研究の信頼性は、同じテーマの複数の研究を集積し、エビデンスを積み重ねていくことで増していく。個々の研究を体系的に収集してまとめた文献レビュー(システマティック・レビュー)を集積したアーカイブのひとつとして、コクランの名をそのまま頂いたCochrane (https://

www.cochrane.org/）があり、医学分野で大変有名である。コクランは、治療には歴史的に以下のような事実があると指摘している（Cochrane 1972）。「一方には治療したいという要求があり、他方には治療されたいという要求がある」「有効な治療法の非効果的な利用、有効でない治療法のかなりの使用がある」「入力から予期されるよりはるかに低い出力しかないというひどいインフレーションに支配されている」。つまり、医療はやりすぎてしまう傾向があり、介入するには十分な理由が必要であり、不必要な介入を避けるために、エビデンスが必要ということだ。しかし、コクランの意に沿うような、特定の介入が不必要であることを示すエビデンスの整備は、現在でも不十分である。主になっているのはむしろ逆で、ある介入が「必要」であることのエビデンスをつくる研究である。コクランの思想と実践は、医療技術進歩でどうしても過剰な検査や治療になりがちな現代人へ大きな示唆を与えてくれる。また、医療への予算は限られているため、有効な医療だからといって無尽蔵に使用することはできない。そこで、有効性や安全性だけでなく、効率性すなわち費用対効果や財政影響の視点も重要となる。

ここに、限られた医療資源をより効率的に用いるという英国（コクラン）の医療制度の思想が表れている。例えば、National Institute for Health and Care Excellence（ＮＩＣＥ）は、医療行為のガイドラインの作成や、費用対効果に基づき、公的医療において使用が許される医薬品・医療機器について保健省に推奨する役割を担っている（保健省は実質的にＮＩＣＥの推奨に拘束される）。ＮＩＣＥの存在は、自己負担なく医療を受けられる英国の患者からみれば、薬など医療へのアクセス制限とも捉えられかねない。しかし、それが英国社会から支持されているのは、費用対効果に拠る制度運営の実施により適切に医療支出が使われることが、費用負担者である国民の利益につながると考えられているからであろう。

こうした考え方は決して英国独特のものではなく、1978年のアルマ・アタ宣言や2008年のWHO（World Health Organization：世界保健機関）の年次報告書（WHO 2008）とも共通している。アルマ・アタ宣言は、「すべての人々に健康を」届けることの重要性と、それを実現する手段としてのプライマリ・ヘルス・ケア（primary health care：PHC）の重要性を訴えた（Deaton 2013）。PHCとは、医師と患者との継続的なパートナーシップに基づき、日常よく遭遇する病気のケアと予防や健康増進において、必要に応じて地域内外の各種サービスと連携しつつ、家族や地域の実情と効率性を考慮して提供される包括的な保健医療サービスである。より具体的には、PHCは、地域を基盤とした家庭医（general practitioner [GP], family physician, family doctor：日本では総合診療専門医とも呼ばれる）とケアチームによって提供される包括的な医療健康サービスであるが、疾患の種類や重症度によってそこでの対応が困難な場合には、患者はそれぞれの専門医へ適切に紹介される必要がある。主として病院の専門医によって行われる医療を二次医療、さらに専門性が高い高度先進医療は三次医療と呼ばれ、それぞれが専門性を発揮しつつ良好な連携がとれている状態を医療供給体制の機能分化と呼ぶ。そして、PHCを整備するとは、医療の提供体制を機能分化し、費用対効果に優れた制度設計を進めることであり、健康水準の向上や健康格差の解消にも貢献する。アルマ・アタ宣言以後、英国をはじめ世界の多くの国で「すべての人々に健康を」の目標達成のためにＰＨＣの整備が進んだ。

ただし、２０１５年にノーベル経済学賞を受賞したプリンストン大学のアンガス・ディートンが指摘するように、ＰＨＣの提供には、国家に十分なガバナンス体制が整っている必要がある（Deaton 2013）。特にその点で弱い低中所得国においては（もちろん日本のような高所得国においても！）、往々にして医療政策は「単一疾患プログラム」や「特定疾患プログラム」（例えば、ガン対策や糖尿病重症化予防など）に陥りがちだ。

２００８年のＷＨＯの年次報告書（ＷＨＯ ２００８）は、世界の保健医療政策に大きな影響を与えてきたアルマ・アタ宣言から30周年、ＷＨＯ創立から60周年を記念したＰＨＣの特集号であった。同報告書では、冷戦終結などを経て大きく変わった世界の保健医療制度を振り返り、現在の保健医療制度が直面する課題を取り上げた。そこでは、保健医療制度が陥りがちな問題点（特にＰＨＣの弱い国の特徴）として、病院中心主義、商業主義、縦割りで細分化された医療介入政策の３点を指摘している。縦割りで細分化した医療介入政策とは、医療供給体制が機能分化していないために一次、二次、三次医療の垂直的な連携が弱いこと、多職種連携のような水平的な連携が弱いこと、そのようなシステムを動かす行政機構も縦割りで連携と継続性に乏しいことを指す。残念なことに日本の現状はこの３つのすべてに当てはまり、特に医療における商業主義の横行は、問題が深刻な割には議論されることが少ない。

鍵は制度設計にあり

日本でも海外の多くの国でも、医療サービス市場は他の財・サービス市場と比べて政府による規制の強い市場である。例えば保険適用されるサービスが政府から指定され、さらにそのサービスの報酬（価格）も政府によって決められる。一方で、特に日本においては、個々の患者に提供される医療サービスの組み合わせは医療機関にほとんど任せきりになっており、その点では医療機関の間で創意工夫に基づいた自由競争の余地が残されている。その上、診療報酬の支払システムは、原則的に提供した医療サービスの費用を積み上げていく出来高払い方式をとっており、サービスの「成果」すなわち効いたか否かは報酬に反映されない。そのため、「集客」のために必要性の乏しい高額医療設備への投資が行われるなど、医療の商業化、また過剰医療、ときに過少医療といった問題が起こっている。

私たちの日常生活で必要とされる医療や健康問題のほとんどは、実は検査や治療にそれほどお金をかけずに質の高いケアの提供が可能である。しかし、通常の製品やサービスの場合、質が高ければ価格も高くなるので、日本の患者は安いものは質が低いと敬遠し、高い治療を選ぶ傾向がある。同時に、医師も保身的な医療を行う傾向があり、過剰に検査や治療を行い、患者もまたそれを好む傾向にある。最新の医療機器を病院だけでなく診療所も競って導入し[*2]、その診療の内容を保険者[*3]が厳しくチェックする制度にもなっていない。

このコストは、公的医療制度を通じて国民全体で負担しなくてはならず、深刻な財政問題となっている。これは医療者に責任を求める問題ではなく、むしろ政府の制度設計の問題である。さらに、国民の健康水準を高めつつも、同時に財政規律を保つために、政府は健康リスクの増大化を未然に予防する公衆衛生上の役割も負っている。これらはすべて、医療資源の効率的配分問題の一部と考えられ、よって医療経済学の重要テーマである。

ただし、前述の通り、システムの効率性の確保だけが医療制度運営の命題ではない。健康の社会的不平等の是正、国民全体の医療へのアクセスの確保も政府に期待されている役割である。世界中で運営されている公的医療保険システムの成り立ちにはこの役割が顕著に表れている。個人の健康リスクに応じて保険料が決まる教科書的な保険制度とは違い、公的医療保険は多くの場合強制加入であり（つまり逆選択が起こらない）、一般に、保険料はリスクに対応しない。このような公的医療保険制度においては、必ずしも経済効率性を達成できないようにみえる。

その一方で、公的保険によって健康リスクに応じた保険料が支払えない低所得者に対して医療へのアクセスを保障し、国民全体で健康の平等性を保つことが可能となる。つまり公的医療保険による医療制度運営は、所得の再分配により国民全体の医療へのアクセスを保障しようとする制度である。このように医療をユニバーサルサービスとして考え、これを達成することは universal health coverage（ＵＨＣ）と呼ばれ、経済効率性の議論は別として、世界的に尊いものと考えられており、多くの低中所得国の医療政策上の悲願であり、また国連が定めた国際的な開発目標である「持続可能な開発目標（sustainable development goals：ＳＤＧｓ）」のひとつとなっている。

1－3　本書で取り上げるテーマ

以上を鑑み、本書では、以下のテーマについて議論したい。ここでは、必ずしも医療経済学の各分野を網羅的にレビューすることは目的とせず、筆者らが現時点で政策的に重要と考えているテーマに絞って議論する。医療経済学がカバーする分野に関する包括的な紹介には、例えばWagstaff and Culyer（2012）を参照してほしい。

第2章　情報と医療

通常、患者は適切な判断に必要な情報を持っていないので、より多くの情報を持つ医師が「代理人」として、「依頼人」である患者と相談をして意思決定をすることが理想的だ。しかし、日本の医療制度では、次章以降で詳しくみるように、医師が適切な情報提供や患者の代理人としての機能を果たしていないことが多い。

しばらく前に医療健康情報のサイトが閉鎖されたニュースが話題になった。日本では医療情報を得る手段としてインターネットや雑誌、口コミなどに頼ることが多いのが大きな特徴だ。医学知識

＊2　病院は入院ベッド数が20床以上、診療所は19床以下の医療機関。

＊3　保険者は、保険サービスを提供する主体。なお保険加入者は、被保険者と呼ばれる。

のない一般人が各種の情報に振り回されて、あまたの検査や高価な診療・治療や健康食品などを、エビデンス（科学的根拠）もないのに、過剰に利用する傾向がある。医療者やメディアも、検査結果をはじめとする医療情報を正しく理解し患者や地域住民に正しく伝える訓練を受けていないことも少なくない。情報提供に関する他国の取組みについて紹介する。

第３章　費用対効果評価と、その政策応用

本来の「国民皆保険」の定義は、「誰でも、必要な医療に安価にアクセスできること。すべての国民が公的医療保険制度に加入できること（実質的には、加入を義務付けること）」であり、「その制度ですべての医薬品を賄うこと」までは要求されていない。それゆえ、何らかの基準で新規医薬品の給付の可否を決めることはある意味当然である。

１９９０年代から、医療資源の効率的配分を目指して、公的医療制度で費用対効果の考え方を援用する国が出てきた。１９９３年のオーストラリアを皮切りに、現在では英国・フランス・カナダ・スウェーデン、アジアでは韓国、タイをはじめ、すでに多くの国が費用対効果評価を導入済みである。こうした国々に比して、日本における導入はとても遅れている。

医療での費用対効果評価は、ややもすると「総医療費が増えるか減るかを評価する研究」と誤解されることが多い。しかし現実的には、初めにかかる医療費（介入自体のコスト）が、あとで減らせる医療費を下回って、結果的に費用削減（cost-saving）となるような介入は、どの領域でもきわ

めてまれである。医療費が増えても、それに見合った効き目の改善があれば、医療経済学的にも妥当、すなわち「費用対効果に優れる」と結論できる——これが、正しい「費用対効果」の評価である。

費用対効果の分析手法は、費用と効果を別次元で考える手法（費用効果分析・費用効用分析）と、効果をすべて金銭換算して同一次元で評価する手法（費用便益分析）とに大別される。政策応用で繁用されるのは、余命（生命予後）と生活の質への影響の双方を捕捉できる質調整生存年（quality adjusted life years：ＱＡＬＹ）を効果指標に設定した費用効用分析である。具体的な手法と政策応用の実態は、第３章で詳細に取り扱う。

第４章　医療経済学と健康行動

日本において生活習慣病は疾病負担で第１位であり、国民健康や医療財政、医療制度運営上の大問題である。

タバコ、酒、糖質摂取、運動等に代表される健康行動に関する経済学研究では、行動経済学の隆盛以降、健康行動においては伝統的な新古典派経済学の多くが仮定する合理性が当てはまらないことを明示的に考えるようになった。これは限定合理性と呼ばれ、「市場の失敗」を引き起こす原因のひとつと考えられる。これにより、政府の介入に対する正当化の余地が広がり、保健政策に直接つながる分野として研究の裾野が広がった。それと同時に、社会心理学や疫学、公衆衛生との垣根が低くなり、学際分野としての重要性が増した。

第４章では、近年の保健政策において注目度が高い２つのアプローチについて議論する。１つ目は、金銭インセンティブ（例えば課税）により予防行動を引き起こさせる政策である。従来から、主に政府の税収を目的とする「タバコ税」や「酒税」があったが、近年ではこれらが保健政策の一環として再認識されるようになり、例えば海外では肥満抑制を目的とした「砂糖税」など、新しい政策が実施されはじめている。保健政策として課税政策が実行された場合、その税収は一般財源とはならず、別の保健政策の実施のための予算となることがある。例えば英国において２０１８年から施行されている加糖ソフトドリンクに対する課税政策では、その税収は小児肥満対策に使われている。２つ目の対照的なアプローチは、心理学等の知見を応用し、規制や金銭インセンティブを伴わない形で日常の無意識的な行動に働きかける介入としてのナッジ（nudge, choice architecture）の健康行動への応用である（Hollands et al. 2013）。政府の政策としてこれらの介入を考えるときの重要な論点として、①介入効果が集団レベル（population level）で見いだせるか、②介入効果は長期にわたり持続的か、③介入による厚生損失を最小にするか（健康な人の行動まで歪めてしまわないか）、の3点があり、詳しく議論する。

第5章　医療経済学とエビデンス

医療政策をはじめ政策立案において、エビデンスの重要性が強調されるようになってきた。しかし、研究デザインの階層の上位にあるランダム化比較試験（randomized controlled trial：ＲＣＴ）の手法で、ある経済理論の実証結果が得られたとしても、他の地域で行った場合にも同じ結果が出るとは限らない。科学的根拠があるとされても、それはあくまでそのＲＣＴが行われた特定の環境下で当てはまるというだけのことである（Cartwright and Hardie 2012）。

ここで注意すべきはエビデンスの有無で政策のすべてを決めることは誤りであるということだ。エビデンスというのは完璧でも確実なものでもなく、まして未来永劫に続くエビデンスというのはまずない。エビデンスとは常にアップデートされていくものであり、エビデンスとは判断材料のひとつにすぎない。こうしたエビデンスの限界を理解した上で、海外の研究を参考に分析するべき医療制度の課題は多い。第５章では、医療制度運営上の重要テーマの例として、医師への支払制度や病院間競争、また費用対効果のエビデンス活用に関する研究を取り上げる。

第６章　医療政策に社会的価値観を反映させる

「効率的な」資源配分は経済学の主要テーマであるものの、特に医療では効率性の追求（例えば国民健康水準の平均値の上昇）は政府の目標の一部分にすぎない。現実の医療制度運営においては、効率性に加えて、社会における健康の「配分」や倫理の問題が強く意識されることが多い。例えば、健康状態は経済社会的なファクター（所得や教育）によって大きく異なる。この差異は、ときに不公平であり、医療が公共性の高いものであるゆえ、政府はこうした不公平を是正する政策をとるべきである。

効率性の議論とは異なり、公平性、平等性や倫理に関わる政策意思決定は、その社会の価値判断（利他性、不平等回避など）に拠るところが大きい。例えば、医療サービスへのアクセス確保のためには、医療制度全体の効率性をある程度犠牲にせざるをえない可能性がある。その犠牲をどこまで認めるかは、社会全体の価値判断の問題である。

第6章では、医療において社会の価値判断がどのように政策に影響を及ぼすか、具体例や意思決定上の課題について整理する。さらに、その課題を踏まえ、従来の医療経済分析をどのように拡張して対応すべきかについて議論する。

第7章　国際保健におけるユニバーサル・ヘルス・カバレッジとプライマリ・ヘルス・ケア

日本は1960年代に国民皆保険（UHC）を達成し、現在は国際協力機構などを通じて低中所得国のUHC達成の支援をリードしている。国際保健は主に低中所得国における健康問題や医療政策を研究する分野であるが、中でもUHCの達成とプライマリ・ヘルス・ケア（PHC）の整備が特に重要と考えられている。日本では、超高齢化や医療の高度化を背景に、60年代に達成したUHCの持続可能性が問われている。国際保健分野におけるUHC黎明期の国や制度の分析は、日本のUHCを原点に帰って考えさせる有用な知見の宝庫となりうる。第7章では、国民の約8割が保険を持たずUHC政策が始まったばかりの国、西アフリカのセネガル共和国の取組みを事例として、セネガルをはじめとする低所得国の制度が抱える問題や、日本における改革への示唆について考える。

国際保健におけるＵＨＣと対を成す大テーマであるＰＨＣを整備する重要性は本章の第２節ですでに言及したが、第７章では最近の動向も含めて紹介する。

１―４　まとめ

日本の医療、介護、健康政策（予防、母子保健など）には、膨大な一般財源が投入されているので、納税者の立場に立って医療予算を効果的に・効率的に使う責任があるという意味で、公共性が高い。

世界の医療制度改革と比較した場合、日本の医療制度の問題点（特徴）は、医療が公的で希少な資源であるという意識が医療提供者、行政、国民に欠如していることだ。公共性の高い医療を、商業主義的に扱う傾向さえみられる。政府は、経済再生と財政健全化を両立させる政策として、公的サービスの産業化やインセンティブ改革を強調しているが、インセンティブ改革を行うのであれば、過剰医療に陥りがちな出来高払いを改め、健康なときから継続的に地域住民の健康状況を把握し、地域住民が健康になることで医療機関が経営できる支払制度に改めるべきだろう。

政府は医療や健康分野を成長産業にするといっているが、今後成長が期待される分野を選び、それに補助を与えて育成することは政府が果たすべき役割なのだろうか。われわれが日常利用する医療サービスの多くは、通常の財と異なり、お金をかければかけるほど質がよくなるわけではない。医療サービスは情報の非対称性があり、過度に商業化されがちなサービスである。医療や介護給付費の単なる抑制にならないように、医療や介護の質を高めつつ、財政影響や費用対効果を考慮する評価方法の導入、そしてそのための人材やデータ整備、予防がインセンティブとなる支払制度設計が必要となる。

本書では、こうした視点から、情報、行動経済学、費用対効果評価、競争や支払制度、そして医療における公平性と効率性の問題などを考察する。最新の文献を紹介しながら日本の保健医療制度をよりよくするための政策提言に必要な課題を議論していく。

2

情報と医療

不確実性下での意思決定と情報

２－１　はじめに

医療や介護制度の改革の議論では、自己負担額を増やすことで、国や保険者の支出を圧縮するだけでなく、総医療費の削減も目指すような政策がしばしば提案される。自己負担の増加が総医療費の圧縮につながる背景はさまざまだ。まず、自己負担額が少ないと病気になったときの金銭的な負担が少ないため、事前に予防行動を行うインセンティブが低下する恐れがある。その結果、病気になる確率が上昇し、医療費が増加してしまう。病気になった場合も、自己負担額が少ないと必要以上に医療機関を訪ねる人もいる。特に、日本のようにどの医療機関でも保険診療が受けられるフリーアクセス制度を持つ国では、いくつもの医療機関を掛け持ちするドクターショッピングが起こる可能性も少なくない。

医療費や介護費の多くの部分は、保険料や税金で賄われている。それゆえ、医療費の膨張は、勤労世代への負担や労働市場にもたらす歪みを大きくするとの懸念もある。税金といっても正確には借金で賄われている部分も多く、その場合は勤労世代だけなく、後世への負担にもなる。

しかし、これまでの研究によれば、医療サービス需要の価格弾力性は総じて小さい値であり、自己負担の大小が医療サービス消費に与える影響はそれほど大きくない（野口　２０１６）。そもそも基本的に医療費の自己負担がゼロだったり、ほぼ無料の国も少なくない。しかし、そのような国で医療サービスへの需要が劇的に増大しているようなデータはない。いずれにしても医療サービス「需要」の価格弾力性が小さいと思われることから、近年では医療費のコントロール手段として、自己負担という需要サイドよりも、定額支払いなど供給サイドからのコントロールも重要視されている（井伊・別所２００６）。支払制度に関しては、第5章でより詳しく議論をする。

自己負担（価格）には、無駄な医療をなくし、必要な医療が提供されるような適切な資源配分を行うというシグナルとしての重要な役割もある。しかし、医療需要行動における個人の意思決定においては自己負担よりも他の要素が重要であることが、近年の行動科学などの研究で明らかになってきた。特に重要なのは、情報の役割である。医療サービスの特徴として、医師と患者の間に情報の非対称性があり、通常は医師が患者より多くの情報を持つ。しかし、医師が持っている情報が正しくないことや古い場合もあるし、医師が情報を適切に理解していなかったり、患者に適切に伝えていないことも現実には少なくない。

一方、患者のほうも医療情報への関心は高いにもかかわらず、特に日本人は、必要な健康・医療情報を入手し、理解して、効果的に利用する能力（ヘルス・リテラシー）が国際的にも低いといわれている（Nakayama et al. 2015）。日本人の多くは、医療情報の手段として（ときには情報源の怪しげな）インターネットや雑誌、口コミなどに頼ることが多い。情報を裏付ける根拠を理解していない場合も多く、メディアや企業は国民の関心を利用して、本来ならばほとんど懸念に値しないような事象に対して不安をかきたてることも少なくない。

そうした状況において、政府が一律に自己負担を上げるような政策を行うと、本当に必要としている人が適切な医療を受けられなくなる一方で、依然として無駄な医療が提供され続ける可能性もある。個人がよい医療を選択できるように、必要な情報を提供し、その情報を個人が理解する仕組みをつくることが政府の重要な役割である。

しかし、「必要な情報」といっても漠然としているので、まず具体的な例を使って、患者だけでなく医師も誤解することの多い医療や健康情報を正しく理解することから始めてみよう。そしてこうした医療や健康に関する情報は、誰がどのように提供するべきなのか、信頼の置ける情報が提供されることで、医療機関や医師の競争はどのように促進されるのか。最近の研究を紹介しながら考えてみたい。

2−2　「生存率」の誤解

「医療技術の進歩やがん検診による早期発見、早期治療の効果もあり、治癒の目安となる『5年生存率』（診断から5年生きる割合）は上がっている。国立がん研究センターが公表した5年生存率は69・4％に達した。」

こうしたニュースをみて、素直に喜んだ読者は、統計を理解できていないと反省が必要かもしれない。「生存率」という統計は最も誤解されがちな医療統計のひとつであり、注意が必要だ。特に

図2－1　早期に診断されれば生存率は必ず高くなる

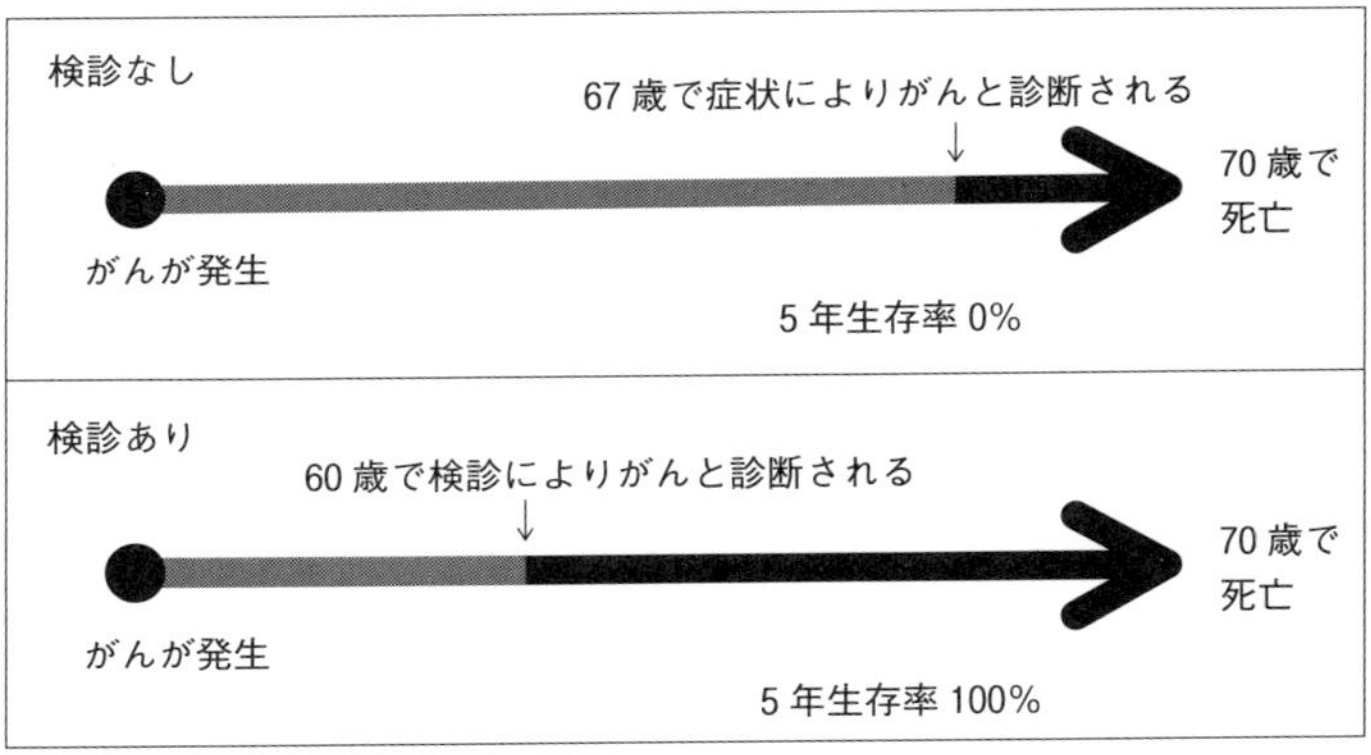

出所）Gigerenzer et al.（2007）

検診の価値を評価するには適した指標ではない。なぜなら、生存率が著しく向上しても、がんによる死亡数は変わらないことも多いからだ。

マックスプランク研究所のゲルト・ギーゲレンツァーらが論文の中で示した仮想例を用いて、「検診による生存率」の理解を深めてみよう（Gigerenzer et al. 2007）。早期に診断すれば、死亡数が変わらなくても、必ず生存率が高くなること（リードタイム・バイアス）を示すのが図2－1だ。67歳のときに症状によって前立腺がんと診断され、70歳で死亡した男性群があるとする。この群の5年生存率は0％だ。しかし、同じ男性群が症状が出る前の60歳でがん検診を受けたとする。この群の5年生存率は100％になる。臨床経過や予後が全く改善しなくても、単により早期に診断をするだけで、生存率は「改善」してしまうことになる。

すべてのがん検診にメリットとデメリットの両方

があるが、仮想例でなく実際の検診でも、双方が正しく評価されている例は少ない。「がん検診では死亡は減らない」は、世界の医療界では関心を持って議論されているテーマのひとつだ。例えば、医学研究のトップジャーナルである *The BMJ* に掲載された Gigerenzer（2016）による Editorial（論評）と Prasad, Lenzer and Newman（2016）によるシステマティック・レビュー（第５章で詳しく説明）でも、同様の議論がされている。

無症状の人を対象とするがん検診では、早期死亡にはつながらない（生命予後に影響を及ぼさない）異常を医師がみつけて、がんだと診断することがある。がんの進行は遅く、症状も出ないし、余命に影響することもない（検診を受けない限り、患者は自分ががんであることに気付かず、別の要因で亡くなることになる）。このようながんを「非進行性のがん」と呼ぶ。がん検診では、ほとんどの場合、進行性と非進行性のどちらかを区別することはできない。

がん検診などで早期に診断することで、不必要な医療介入が行われる可能性が高まること（過剰診断バイアス）が図２－２で示される。図２－２の上図は進行性前立腺がんにかかっている男性１０００人である。５年後には４４０人が生存しているとすると、生存率は44％だ。下図は前立腺がん検診（ＰＳＡ検診）を受ける男性３０００人だ。この検診では、検診の結果、非進行性前立腺がんにかかっている（つまり前立腺がんでは死なない）と診断された男性２０００人も含まれる。生存率は81％と、上の場合と比べて倍になるが、死亡する男性の数は変わらない。

生存率は治療による利益を判断したり、ある１人の患者の予後を評価するには役立つ指標である

図2－2　がん検診でがんの５年生存率が高まる理由

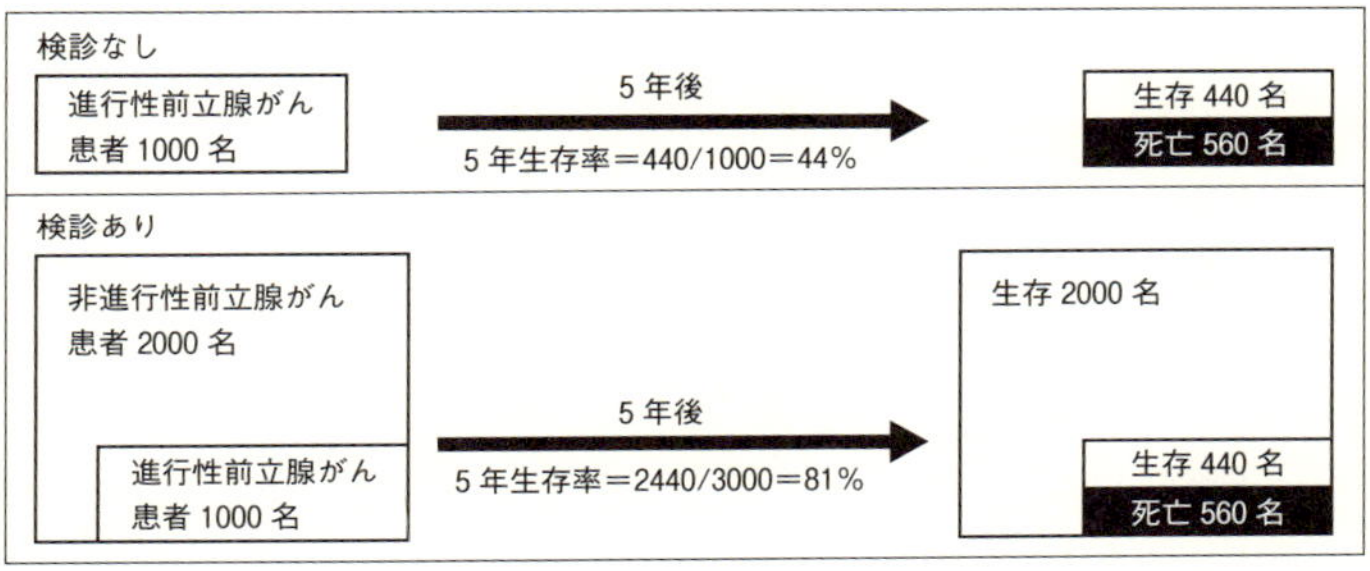

出所）Gigerenzer et al.（2007）

が、検診に関しては常に誤解を招いてきた（ウォロシン２０１１）。この例では、進行性であるか否かにかかわらず、一律に「がん」があると診断され、苦痛と副作用のある検査や治療を受ける可能性のある男性が２０００人いることになる。早期治療のメリット（図２－２の例では生存が４４０名よりも少し増える可能性）ばかりに焦点が当てられ、不要な治療のデメリットを受ける２０００人に関してはほとんど注目されないことが検診の問題点だ。

海外では、臨床研究で示されている有益性や害に関するエビテンスを考慮して診断や治療方法が選択されることが一般的だ。例えば、がん検診を無症状の人に一律に推奨することはなく、症状や個人のリスクファクターをもとにして、検診を勧めるかどうかを判断する。日本のように、ある一定の年齢になると症状もないのにがん検診を受けさせるような国とは対照的だ。

病気の予防に関する情報は、国民的な関心事だ。死亡原因の上位を占めるがんの治療や早期発見は特に関心が高い。持続可能な社会保障制度のためにも、政府は病気の治療ではなく予防に重点を置く政策を進めようとしている。企業の中には、社員を対象にがん検診費用を一部補助したり、自治体ががん検診の受診率の目標を設定して、公的なお金を使って住民にがん検診の受診を促したりしているところもある。その背景として、多くの人たちは、検査をして早期に病気を発見して治療などの医療的な介入をすることが、当人にとって質の高い医療であり、医療費も抑えられると思って（多くの場合誤解して）いることがある。もちろん必要に応じての受診は必要であるが、日本では職場や自治体、学校などでの健康診断やがん検診（スクリーニング）のメリットのみが強調される傾向があり、デメリットが正しく伝えられていない。そもそもがん検診による早期発見は予防ではない。がん検診でがんの発生率は下がらないし、検診を受けてもがんにかかる確率は下がらないのである。また、検査結果を１００％確実と受け取る人も多いが、がん検診をはじめ、すべての検査には必ず誤りがある。

２－３　検査結果を医師や患者は正しく理解しているのか？

出生前診断

最近はインターネット経由でも、出生前診断や遺伝子検査を容易に比較的安価で受けることができるようになった。遺伝子検査の技術の進歩には企業などが率先して多くの資源を投入している。遺伝子研究が進めば、遺伝子の情報を用いて病気や治療のすべてのことがわかるかのように思う人

図2－3　ベイズの定理（出生前診断）

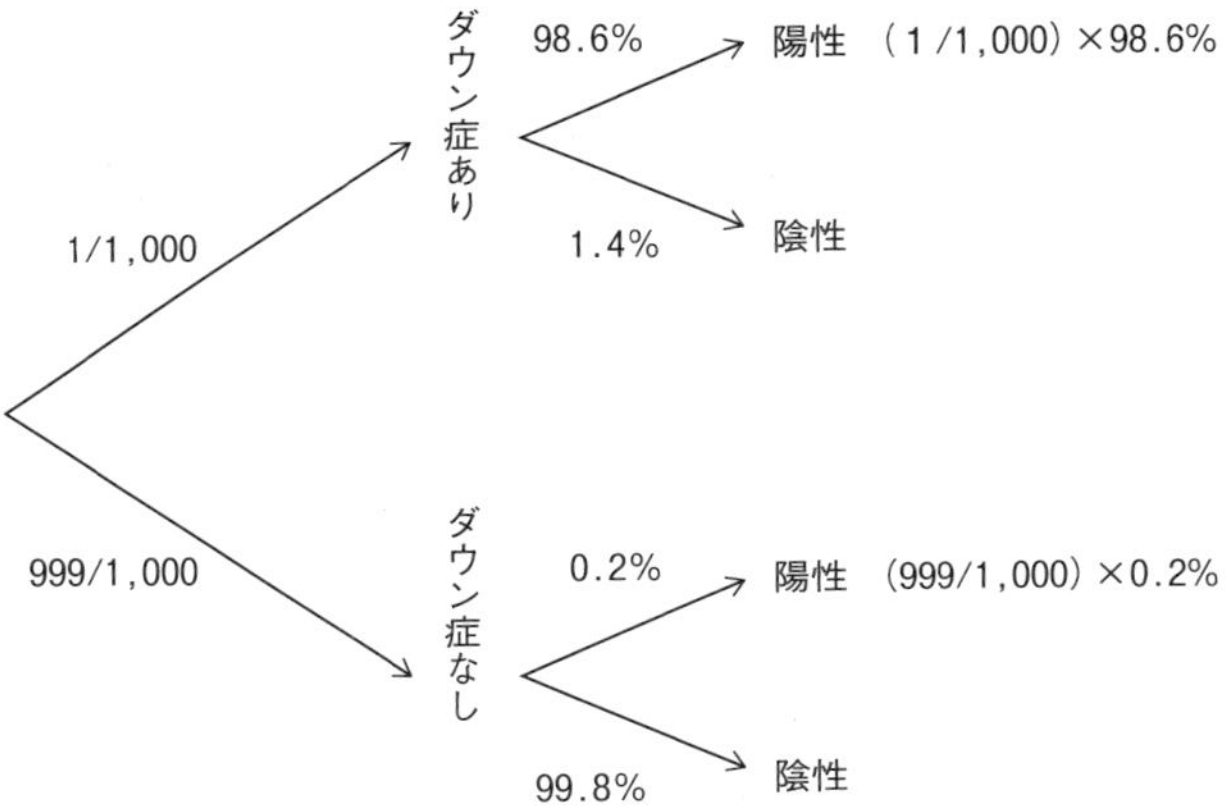

も多いが、遺伝子と病気の研究が進むほど、遺伝子の役割は必ずしも当初期待されていたほどには大きくないことがわかってきた（中山　２０１４）。遺伝子の影響が非常に大きな病気もあり、遺伝子診断が必要となることもあるが、身近な病気のほとんどは、環境や生活習慣などさまざまな要因が影響している。遺伝子を探索するという先端科学でも、人間のすべてが１００％わかるわけではない。そしてどのような最先端の技術も完全ではない。出生前診断を例にみてみよう。

数年前にある新聞に、妊婦の血液検査によるダウン症予測に関する以下のような記事が出ていた。

「公表されているデータによると、子どもがダウン症だった場合、ダウン症と判定できる精度は98・６％だった。反対に、ダウン症でないのに、ダウン症と判定してしまった率は0.2％だった。かなり正確に判定できると言える。」

この記事を読んで、「血液検査で陽性だった場合は、かなりの高い確率でダウン症」と解釈する人が多い。これは、致命的な間違いだ。

図２－３を使って正しい確率を求めてみよう。

ダウン症の有病率は妊婦の年齢に依存する。20歳で１６００分の１、25歳で１２５０分の１、30歳で１０００分の１、35歳で３８０分の１、40歳で１００分の１、43歳で50分の１とされている（Hook 1976；齊藤　２０１４）。人口動態統計によれば、第一子を出産したときの平均年齢は30・１歳なので、ここではダウン症の有病率は１０００分の１であると仮定して話を進めよう。

「ダウン症の場合に検査が陽性の確率」から「検査が陽性だったときにダウン症の確率」は、ベイズの定理から求められる。

(1/1000)×98.6%÷((1/1000)×98.6%＋(999/1000)×0.2%)＝33%

検査結果が陽性で、本当にダウン症であるのは10人に3人で、7人近くは間違いの陽性となる。

表2－1　自然頻度（出生前診断、有病率1/1,000）

検査結果	ダウン症あり	ダウン症なし	合計
陽性	986	1,998	2,984
陰性	14	997,002	997,016
合計	1,000	999,000	1,000,000

→ 偽陽性 $\frac{1,988}{2,984}=67\%$

といっても、こうした確率を一般の人が理解することには限界があり、しばしば誤解してしまう。ベイズの定理のような統計学は多くの人々には理解するのは難しく、日常生活で判断のツールとすることはほぼ不可能だ（過去に統計学の試験問題として解けた人でも！）。

同じ問題を自然頻度を使って考える

ベイズの定理のような統計知識よりは、自然頻度で考えるほうがより直感的に理解をする助けになることをみてみよう。

100万人の新生児を考える。

表2－1を用いると、検査陽性の人が本当にダウン症である確率は、

986÷(986＋1998)＝33%

と簡単に求められる。

そして、誤って陽性と判断してしまう（検査が陽性でもダウン症でない）確率は、

表2－2　検査結果と病気の関係

検査結果	病気あり	病気なし
陽性	a	b
陰性	c	d

感度：$\frac{a}{a+c}\times 100$　特異度：$\frac{d}{b+d}\times 100$

陽性的中率：$\frac{a}{a+b}\times 100$　陰性的中率：$\frac{d}{c+d}\times 100$

1998÷(986＋1998)＝67％

であることも容易にわかる。

表２－１のような表示をすると、ベイズの定理の公式を知らなくても、条件付き確率を簡単に求めることができる。

どのような検査にも誤りはある

検査が完璧ではない以上、病気でない人が検査で陽性になってしまうこと（偽陽性）や、逆に病気なのに検査が陰性になってしまうこと（偽陰性）がある。どのような検査でも起こりうる２種類の誤判定だ。これを表２－２のように示すことができる。

病気にかかっている人が検査で正しく陽性になる割合を感度、病気にかかっていない人が正しく陰性になる割合を特異度と呼ぶ。感度や特異度は、「病気の人・病気でない人をどれだけ正しく判定できるか？」の指標で、検査を実施する側にとっては大きな意味のある数値である。しかし検査を実施される側、すなわち受診者一人ひとりにとっては、「自

表2－3　自然頻度（出生前診断、有病率1/50）

検査結果	ダウン症あり	ダウン症なし	合計
陽性	19,720	1,960	21,680
陰性	280	978,040	978,320
合計	20,000	980,000	1,000,000

→ 偽陽性 $\frac{1,960}{21,680} = 9.0\%$

分が陽性（陰性）だったとき、本当に病気なのか（病気でないのか）」、すなわち「陽性（陰性）の結果はどれだけ正しいか」の陽性（陰性）的中率のほうが重要だ。これらの値は感度や特異度のみから算出することは不可能であり、有病率・発症率に大きく左右される。

表２－３は、出生前診断の例で、有病率が１／50（妊婦の年齢が43歳）の場合だ。

検査が陽性でもダウン症でない場合（偽陽性）は、1960÷21680＝9.0％と、表２－１から得られる67％（1998÷2984）よりも大きく減少する。有病率が高くなると、誤って陽性と判断する確率は減ることがわかる。

どんなに感度が高い検査でも、もともとの発症率がきわめて小さければ、陽性的中率は低くなる。次の例をみてみよう。ＨＩＶ（human immunodeficiency virus：ヒト免疫不全ウイルス）のように人口における感染率（ＨＩＶは感染してもＡＩＤＳ［acquierd immune deficiency syndrome：後天性免疫不全症候群］を必ずしも発症するわけではないので、「有病率」とは呼ばない）が大変低い場合は、陽性的中率が低く、検査結果の偽陽性は特に多くなる。例えば人口の0.1％がＨＩＶに感染しているとする。ＨＩＶ検査の精度は高いので、感度（病気があるときに陽性反応）は99％、特異度（病気でないときに陰性反応）は98％とする。この検査で陽性反応が出ても、実際にＨＩＶに感染している割合（陽性的中率）は、4.7％と意外にもかなり低い確率だ（ぜひ自分で計算してみよう）。[*1] つまり検査で陽性反応が出ても、ＨＩＶに感染していない確率（偽陽性率）は95％以上と高くなる。特に元の人数が大量であれば、かなりの人数が「間違って陽性」になってしまう。

乳がんは有名人の罹患のニュースなどが大きく取り上げられることも多く、国民的な関心も高い。そこで早期発見のために、特定の年齢に達した女性は自覚症状がなくても定期的に検診を受けるように勧められる。しかし、無症状の女性がマンモグラフィーで検査をすることのデメリットは大きい。特に若い女性の場合は、症状やリスクファクターから乳がんが強く疑われる場合のみに検査を受けないと、大量に偽陽性が出てしまうことになる。金銭的なコストだけでなく、心理的ストレスや検査による身体的負担、放射線による被ばくなどデメリットが多い。そのため、米国やカナダでは、リスク評価に基づき平均的なリスクの場合は、50歳から74歳のみを対象に2年ごとの検診を推奨している。英国のＮＩＣＥ（National Institute for Health and Care Excellence：国立医療技術評価機構）では症状がない場合の検診は推奨していない。説明できないしこりなどの症状があった場合は、地域住民の健康に責任を持つ家庭医（general practitioner［ＧＰ］：この節の後半で詳しく解説）が専門医に２週間以内に紹介する仕組みになっている。

がん検診の評価は、偽陽性、過剰診断、被ばくなどのデメリットを考慮する必要がある。早期発見を強調しすぎるために、過剰診断につながっているのは、第2節で議論をした通りだ。乳がん検診において、乳がん罹患や早期がん比率の増加はみられるが、進行性がんの減少はあまりみられておらず、検診発見の乳がんの20％程度が過剰診断であると推察されている（Barratt 2015）。がんがみつかっても非進行性がんの場合、手術・治療が不要の場合もあるのだ。

「ヘルス・リテラシー」が乏しいことによって、過剰医療を生み、不必要な被ばく、効果よりも害の多い医療へ導かれてしまうことは少なくない。

出生前診断の場合も、上記のように感度98・6％のような数字だけみると、「検査をやれば確実にわかる」と誤解してしまうが、この数字は検査実施者の視点からの数値である。受診者にとってより大切な「自分が陽性と判断されたとき、本当に病気なのか？」への答えは、「感度98・6％」からは得られない。確率の計算が必須なのである。つまり確率の理解はヘルス・リテラシーの必要条件だ。偽陽性の判定をされた親の不安を子どもが察知し、正常に生まれた場合でも育っていく過程で不安行動を起こすという研究もある（Gurian et al. 2006）。偽陽性の弊害は大きい。

検査を受ける前に、医師と患者が共通の理解基盤に立って、その検査の限界を含めて検査結果が意味するものを十分理解した上で、患者の持つリスクや意向に沿って個別に検査を受けるか否かの意思決定（共同意思決定：shared decision making）を行う必要があるのに、日本ではこうした意

＊1　人口を10万人と仮定すると、a=99, b=1998, c=1, d=97902となり、$a \div (a+b) = 4.7\%$と計算できる。

思決定を支援する体制ができておらず、検査、健診、検診の受診率を上げることばかりが強調される。確率的なものの考え方とリスクの伝え方について、医師と患者双方の教育が日本では十分でない。

ベイズの定理を理解する合理的な個人とは、伝統的な経済学で仮定する合理的な個人であり、その場合は情報は多ければ多いほどよい。しかし、現実にはわれわれはそれほど合理的に思考をしているわけではなく、特に不確実性の下で賢い意思決定をするためには、情報は多ければ多いほどよいとは必ずしもいえない。少ない費用でよりよい医療が受けられるようにするには、医師と患者のヘルス・リテラシーを高めることも大切だ。一律に自己負担額を増やすなどの政策だけでは、不必要な医療を減らしたり、よい医療を達成するのは難しい。

フレーミング（同じ情報を異なる仕方で提示すること）が与える影響の重要性

「〇〇を食べると、××がんのリスクが20％減少する！」「この薬を使えば、心疾患のリスクが半分になる」――よく目にする表現である。「20％減少」「半分」のように数字があると、見かけの説得力は増す。しかし、「20％減少」「半分」の意味は、本当に正しく伝わっているだろうか。

リスクを表現する方法にはいくつかある。相対リスク減少（relative risk reduction：ＲＲＲ）、絶対リスク減少（absolute risk reduction：ＡＲＲ）、治療必要人数（number needed to treat：ＮＮＴ）などが代表的な指標だ。以下のような例を考えてみよう。

乳がん検診を受けない女性が１０００人、受けた女性が１０００人いたとする。10年後、受けなかったグループでは４人の女性が、受けたグループでは３人の女性が乳がんで死亡した。このとき、乳がんの死亡リスクは0.４％（１０００人中４人）から0.３％（１０００人中３人）に減少したことになる。「0.４％から0.３％」の捉え方次第で、表現は大きく変わる。

- 相対リスク減少（割り算）の考え方：0.4％から0.3％に減ったので、比を取ると0.3÷0.4=75％。100％－75％=25％で、「検診を受けると、乳がん死亡リスクが25％減少した」となる。
- 絶対リスク減少（引き算）の考え方：0.4％から0.3％に減ったので、引き算をして0.4％－0.3％=0.1％。「検診を受けると、乳がん死亡リスクが0.1％減少した」となる。
- 治療必要人数（絶対リスク減少の派生形）の考え方：絶対リスク減少の逆数をとった数値。この場合は1÷0.1％=1,000人となる。診断なし１０００人と診断あり１０００人を比べると、診断ありのほうが、乳がんの死亡者をちょうど1人（４人－３人）減らせることになる。このように、「何人ずつに介入を行えば、ちょうど1人分リスクを減らせるか？」の指標が、治療必要人数ＮＮＴである。がん死亡を1人減らすためには、１０００人の人が、副作用のリスクにさらされつつ無駄かもしれない検診を受ける必要があるという数だ。

「乳がん検診を受けると、乳がん死亡のリスクが25％減る」相対リスク減少。
「乳がん検診を受けると、乳がん死亡のリスクが0.1％減る」絶対リスク減少。
「１０００人が乳がん検診を受けると、乳がん死亡者を１人減らせる」治療必要人数。

同じ現象でも、どの指標で表現するかによって、われわれが受ける印象はだいぶ異なる。がん検診などのメリットは、相対リスク減少で伝えられることが多い。しかし、相対リスク減少には、「もともとどの程度のリスクだったのかがわからなくなる」という大きな問題点がある。

つまり、

- 「１０００人中の４人→１０００人中の３人（0.4％→0.3％）」でも、
- 「１０００人中の６００人→１０００人中の４５０人（60％→45％）」でも、
- 「１００万人中の４人→１００万人中の３人（０・０００４％→０・０００３％）」でも、

相対リスク減少は25％になる。臨床的意味が大きく異なる３つの例が、すべて同じ「25％減少」に収斂してしまうのだ。

そのため、一般市民にメリットを伝える場合には、絶対リスク減少で伝えるほうが透明性もあり適切だ。情報を解釈し、伝達する際に最も危険なのは、相対リスク減少で示された情報を絶対リスク減少と誤認してしまうことである。先述の例だと、検診を受けると１０００人のうち２５０人が救われたと錯覚してしまうことだ。

治療必要人数は、絶対リスク減少の逆数であり、誤解の少ないリスクの伝達法だ。この数が、小さければ小さいほど、少ない人数で1人の命を救えるため、優れた介入と判断できる。「小さければ小さいほど…」は一見わかりづらいが、絶対リスク減少の逆数をとって算出したことを考えれば、容易に理解ができる。絶対リスク減少はリスクを引き算して求めた値だから、0.1％減少よりは10％減少のほうが優れている。すなわち、絶対リスク減少は大きければ大きいほどよい。それならば、逆数である治療必要人数は、小さければ小さいほどよい、という解釈だ。

がん検診だけでなく、さまざまな医薬品から健康食品に至るまで、メリットは「相対リスク減少」で伝えられることが多い。宣伝したい技術の効果を大きくみせるために、意図的に「相対リスク減少」を用いることもあるが、実は書き手すら、この違いを理解していない状況も少なくない。

日本の職場や学校の定期健診で毎年行われている胸部X線検査では、無症状の人に一律に行うこのリスクは、ベネフィットよりはるかに大きい。そのため海外では胸部X線検査は目的のあいまいなスクリーニングには利用しない。この話をするとよくいわれることがある。「私は職場健診の胸部X線検査で結核がみつかった。これは必要な検査だ」。こういう発言をする人には「治療必要人数」の考え方が欠けている。このときに必要な問いかけは、「健診を受けて、結核がみつかる人がいるかどうか？」ではない。「1人多く結核をみつけるためには、何人に健診を受けさせる必要があるか？」である。さらにいえば、「健診で結核がみつかった人と、健診を行わず見逃した場合で、生命予後や生活の質に差があるか？」も本来は評価すべきである。「誰かに結核がみつかったから有用である」ような論理では、現在の日本のように、必要もないのに毎年多くの人たちがX線被ばくのリスクにさらされつつ無駄な検査を受けることになる。（英国や米国では、肺がんの検診としても、胸部X線検査は推奨されていない。）

検討する時間の長さ（生涯リスクはリスクを大きくみせる。例えば「日本人の２人に１人はがんに罹患します」）は、抽象的な期間よりも予測できる将来として「今後10年間の可能性」のほうが理解しやすい。特に自分にとって最も関連性の高い医療情報は自分と同じ年齢、同じ性の人についての情報である。がんであれ生活習慣病であれどのような病気でも、一般的に高齢になるほどもともとのリスクは増加する。そのため、特定の層にとって有用な検診でも、有病率の低い若年層などでは治療必要人数が大きくなり、非効率な検診となる可能性もある。提示されているデータが自分（あるいは、自分が興味を持つ患者集団）に当てはまるかどうかは、数字とは別に判断する必要がある。

患者と医師のヘルス・リテラシーを高めるために、他の国ではどのように医療制度を整備しているのか

責任を持って社会に向けて医療や健康の情報を提供している国の代表は英国だ。英国のＮＨＳ（National Health Service：国民保健サービス）が提供するサイトは、英語で発信されているため、

世界でも最も信頼の置けるもののひとつとされている。患者向け医療情報サイトとしてはNHS Choices（http://www.nhs.uk/）がある。

より専門性の高い医療情報としては、第1章でも紹介した医学研究者の世界的なネットワークであるコクラン（Cochrane，旧称 Cochrane Collaboration）が提供するコクラン・ライブラリ（Cochrane Library，http://www.cochranelibrary.com/）がある。コクラン・ライブラリは複数のデータベースからなるが、その中核をなすのがコクラン自身が多種多様の介入について、臨床試験のシステマティック・レビュー（これまで発表された研究結果の情報を集め、体系的な方法に従ってまとめる研究方法）を実施し、その結果を公表しているCochrane Database of Systematic Reviews（ＣＤＳＲ）である。２０１９年9月現在、８０８４件のレビュー結果が収載されている。保健医療関係者、政策決定者、市民が結果を利用しつつ合理的な意思決定ができるように支援する仕組みであり、質の高い健康・医療情報を簡単に入手できるシステムの整備を目指している。

英国が優れているのは、情報提供だけでなく、その医療情報を活用する仕組みだ。医療や健康の需要行動において、患者が賢く選ぶだけでは限界がある。一緒に共同意思決定を行える医療者の存在が不可欠である。なぜなら、こうした情報やエビデンスの役割は、「何かを決める」ことではなく、「判断を助ける」ことであるからだ。本節で議論したように、どのタイミングで適切にがん検診や健診を受けるかの判断には、標準的な専門トレーニングを受けて生涯教育を続けるプライマリ・ヘルス・ケア（primary health care：ＰＨＣ）の専門医である家庭医（ＧＰ）と適切な情報の両方が必要だ。そのため英国をはじめ多くの国では、全医師の３分の１～半数ぐらいが家庭医である（ＯＥＣＤ ２０１６）。残念なことに、日本にはその両方ともが欠けている。ＧＰ（general practitioner）は、世界では family physician または family doctor とも呼ばれ、日本では家庭医、総合診療専門医と呼ばれる。患者とのコミュニケーションを重視し、すべての臨床分野にわたる頻度の高い病気や健康問題を扱う知識・技術、家族や生活の状況まで考慮する複眼的なアプローチ、予防・健康増進などに資する効率的な介入などの能力を専門研修によって身につけたＰＨＣを専門に担う医師である。世界の多くの国々で専門性が確立し、標準的な専門研修で養成されている。確率的なものの考え方と不確実性に耐える能力を備え、地域住民のための真の代理人として健康なきも継続して関わる、地域住民の健康管理に責任を持つ医師である。医療についての情報を患者にわかりやすく伝えることも家庭医の重要な役割となっている。

最近、ＯＥＣＤ（Organisation for Economic Co-operation and Development：経済協力開発機構）から日本の公衆衛生に関する報告書が出た（ＯＥＣＤ ２０１９）。その報告書でも日本のがん検診や健診の問題点が指摘されている。日本では、自治体、職場での検診に加え追加的な自己負担で人間ドックなど、多種多様な健康診断を受けることが可能である。公衆衛生支出の多くは健診（がん検診も含む）が占めている。その上、自己負担で利用可能ながん検診も多く存在している（「予防医療」の名の下、検診が深刻なほど商業化されている状況だ）。日本では健診・検診の受診自体が目標になっており、検診・検診の有益性と害についての事前の説明はなく、また事後には包括的、継続的にケアを受ける仕組みにはなっていない。

一律に「がん検診受診率の向上」のみを目指す自治体は多いが、誰がいつどの健診・検診を受けるべきかの科学的根拠（エビデンス）に基づく情報共有は進んでいない。実際、日本ではエビデンスで推奨される対象者が適切なときにがん検診を受診する率はOECD平均より低い。PHCの整備が進んだ国では、PHCの診療所で婦人科検診を受けることができる（マクウィニー2013、296頁）。日本でも子供の予防接種や他の健康問題の受診時に検診についても納得のいく説明があれば必要な検診の実施率は上がるのではないだろうか。

OECD諸国では国レベルで標準化されたがん検診を実施している。費用対効果などエビデンスをもとにがん検診プログラムの内容を全国一律で決定し、がん検診にはベネフィットよりもリスクが多いことも伝えている。

2―4　情報と競争に関する研究

情報を政策的に与えることと行動変容

ここまでみてきたように、個人が医療や健康に関する情報を適切に理解し、使用するのは簡単ではない。また巷にあふれる情報の質は玉石混交である。そこで英国をはじめとして多くの国の政府や自治体は保健政策等の一環として、適切な情報を提供する施策を行っている。同時に、効果的な情報提供の仕方を模索する試みも行われている。

例えば、生活習慣病予防を目的とした保健政策のうち、近年世界的に高い注目を集めているのが、ラベル政策だ。これには食料品に対する食品成分表示やカロリー表示、さらには「トクホ（特定保健用食品）マーク」などがある。興味深い例は、「信号機」型のラベル方法で、各食料品の健康度に応じて赤・黄・青のラベルが付けられる。これは行動経済学等においてナッジと呼ばれる介入方法のひとつと考えられる（Thaler and Sunstein 2008）。ナッジによる行動変容については、第4章でより詳しく触れる。食品成分表示では、その情報を正確に読み取り活用するのには知識と労力が必要になる。しかし、信号機になぞらえた色分けによって情報を簡略化し消費者に伝えることで、知識と労力なしでも健康的な選択を促すことができる介入になっている。

ＯＥＣＤの医療政策研究者であるミケーレ・チェッキーニらは、食品成分表示ラベルの介入研究をレビューし、信号機型のラベルは従来のラベル方法と比べて比較的有効という結論を得た（Cecchini and Warin 2016）。ここで重要なのは、詳細で精密な情報が必ずしも常によいとは限らない、ということである。日常生活においては、経済学における「合理的個人」のフレームワークが想定しているほどには、個人は自身の行動について深く考える余裕はない。行動変容を引き起こさせる政策介入においては、正確な情報提供や情報の理解を促すだけでなく、人間の能力の現実を踏まえた情報提供のあり方が求められる。

さらに、健康の不平等という観点から議論を補強したい。ここで、教育歴は健康行動や健康水準の最も大きな社会経済的決定要因のひとつであるが、この原因として、健康知識の量や情報を適切に使用する能力の違いが重要な要素として考えられる（Cutler and Lleras-Muney 2010）。仮に政府による情報提供が効果的に（信号機型ラベルのような簡便・簡潔な形で）行われたならば、健康情報へのアクセスとそれを理解して活用するための負担が小さくなるため、知識の量や活用能力に由来する健康の不平等の縮小に貢献する可能性がある。

情報提供と医療機関間の競争

政府による情報提供は、必ずしも需要者である個人の教育・啓発を目的としたものではなく、供給側である事業者間の競争を促し、医療サービス全体の質を高める目的で行われることがある。その重要な例のひとつが、政府による医療機関のサービスの質に関する情報の公開（提供）だ。通常1つの地域には複数の医療機関が存在し、患者は自由に医療機関を選ぶことができるため、医療機関は競争にさらされている。日本を含め公的医療保険制度を採用している国では、個々の医療サービスについて価格競争は存在しない。しかしながら、たとえ固定価格の下であっても、医療機関はサービスの質を高めることでより多くの患者を受け入れたい思惑がある。政府による医療機関の診療成果に関する情報提供は、サービスの質における競争を刺激する効果があると考えられる。

診療成果に関する情報提供は、患者の医療機関選択を通して競争を促進し、最終的に医療の質を高めるだろうか。患者側は無料で情報を得られる一方で、医療機関にとってはサービスの質を高めるためには費用がかかる。ヨーク大学のヒュー・グラヴェルとロイヤルメルボルン工科大学のピーター・シーヴェイは２つの病院がある寡占市場を考え、病院ごとのサービスの質、質を高めるための費用、さらに患者が持つ各々の病院のサービスの質に関する情報を明示的に考慮したモデルを提示した（Gravelle and Sivey 2010）。患者が持つ情報は大筋で正しいものの、不確かさを伴う。ただし患者は情報公開によって、より正確な情報を得ることができる。患者は自身が持つ情報に基づいて、より質の高いサービスを提供すると思われる病院を選択する。一方、２つの病院はサービスの質と、質を改善させるための限界費用が異なる（所与のサービスの質が高い病院のほうが、質を高める限界費用が小さいと仮定してよい）。病院間で、真のサービスの質と、質を改善するための限界費用が似ている場合、均衡におけるサービスの質は同じになる。つまり、情報提供は競争を促進し、双方のサービスの質を向上させる。

一方、これらの要素が著しく異なる場合はそうはいかない。情報提供によって患者が持つ情報がより正確になると、真のサービスの質の差が顕在化し、両病院にとって今以上にサービスの質を高めることによる限界収益が小さくなる。結果として競争は促進されず、むしろサービスの質が低下してしまう。サービスの質が悪い病院にとっては、むしろ患者が持つ情報が不確かなほうが、（所与の限界費用の下で）質を向上させるインセンティブがあったし、また質がよい病院にとっても、患者の情報が不確かなときのほうがさらに質を高める理由があったというわけだ。

政府による情報提供は常にサービスの質に関する競争を促進するわけではなく、場合によっては競争に結びつかず、医療の質の改善につながらないという結果は興味深い。この理論的考察の含意は、情報公開により競争を促進する政策を実施するに当たっては、情報公開だけでなく、サービスの質を向上させるための費用（医療者の人件費等）に関する病院間の差を是正するような政策も必要になる、ということであろう。

いくつかの実証研究において、診療成果の情報公開は、競争の促進と医療の質の改善に貢献することが報告されている（Chou et al. 2014; Zhao 2016）。英国における政策では、各医療機関の診断成果についての情報提供により、医療サービスの標準化が進み、サービスは従来よりも均質化したといわれている。

健康や医療に関わる分野において情報の果たす役割は大きい。専門性の高い分野であるため、一般の国民が正しい知識を得る機会は限られており、さらに情報を正しく使うことにも困難を伴う。よって、政府の政策として情報公開を進めることには意義がある。ただし、単純に情報公開を進めても、必ずしも国民の厚生につながるわけではない。がん検診、出生前診断や食品ラベルに関するナッジの例でみたように、情報提供の方法について工夫が必要であるし、さらに情報公開だけでなく、別の政策と合わせることで初めて本来の政策目的を達成できる可能性について深く考えるべきだ。

2－5　おわりに

私たちは「よい医療」を求めるが、残念ながら医療は必ずしも１００％の効果を生み出すものではない。患者は医師が医学的エビデンスを正しく理解していると思い込んでいるが、患者に検査や治療を勧めておきながら、医師がそれらの検査や治療についての有害事象も含めた最新情報を日々更新していくことは容易なことではない。

標準的なミクロ経済学や意思決定論では、個人の最適化行動が効率的な資源配分をもたらすのは、個々の主体が情報をしっかりと理解できることを前提としているが、医療の現場ではさまざまな形での情報が不十分・不確実である。そうした状況で、一律に自己負担額を増やす政策では、効率的な資源配分をもたらすことは難しい。

よき医療制度の実現のための政府の重要な役割は、より正確でわかりやすい情報と、一般市民が自分たちで考え判断するためのツールを提供することだろう。われわれはそれほど合理的に行動をしない場合も多い。個人に対して選択の自由を完全に残しつつ行動変容を起こさせるような介入が理想的だ。さらに、情報提供だけでは必ずしも意図した政策効果が望めない場合も多く、医師の教育や支払制度などいくつかの政策の組み合わせも考慮すべきである。

医療や健康に関しては、患者が賢く選ぶだけでは限界があるため、医師が代理人として、依頼人である患者を支える責任者として、患者と共通の理解基盤の下に共同で意思決定をしていく役割が不可欠であり、多くの国での医師－患者関係のモデルになっている。しかし、日本では、医学の進歩は先進的な医療機器や遺伝子解析の技術の向上と結びつけられ、医学教育ではよくある病気よりも、まれな疾患についての膨大な事実を暗記することが優先され、患者への情報の伝え方についての専門トレーニングはなお乏しい。

本章のさまざまな例でみたように、情報の伝達の仕方の工夫で、多くの人が恩恵を受ける。十分な情報に基づいて、検査の結果起こりうる誤判定の可能性とその意味を理解することで、検査しないという意思決定も含めた検査の適正な利用が進み、無駄な不安を抱え込む人たちが減るだろう。日本の医療の現場では、政府がコントロールできるのは、診療報酬や自己負担額（率）などの価格だけで、それ以外はほとんど自由放任だ。医師の自由裁量権がこれだけ大きく認められている国は、高所得国では皆無だ。こうした日本の状況を理解した上で、経済学者が分析するべき重要なテーマは少なくない。

医療や福祉の分野では、地域住民が政策決定過程に参加することも重要である。その際、いくつかの政策の選択肢の中から議論して決めていくことが大切だ。

例えば、公的なお金を使って無症状の住民に一律にがん検診を推進することや、元気な大学生に健康診断と称して胸部X線検査を行うことをすべて公的保険でカバーするために、税金や保険料を上げるのか、それとも住民や医療者のヘルス・リテラシーを高めたり、プライマリ・ヘルス・ケアを整備して不必要な投薬や検査をできる限り控えるようにして、増税を回避することに努めるのか。

一方で、費用対効果の視点からも納得のできる給付であれば、増税の理解を得ることもできる。

エビデンスや税金の使い方に批判的な目を持つ市民が増え、地域医療のような公的なものへの関心を高めることで、公共の利益とは何かを考える訓練となる。地域医療に関わることで、私たちは民主主義を学べるのである。

3

費用対効果評価と、その政策応用

３－１　はじめに

高齢化や医療の高度化により医療費が増え、財政負担が増加しているのは日本だけではない。高所得国だけでなく低中所得国でも、政府の医療支出の増大が深刻な財政問題となっており、支出の適正化は重要な政策課題となっている。医療は公共性の高いサービス財であり、多くの国で、公的保険（または社会保障）制度によって賄われている。ある人が医療を受けたとき、税金や公的保険を通じて、その医療費の一部もしくは全部が政府によって支払われる仕組みだ。医療が公共性の高い財であるもうひとつの理由に、多くの国で各サービスへの報酬に公定価格が付けられていることが挙げられる。医療においては、患者と医療者との間で大きな情報の非対称性がある。患者には自身に必要な医療サービスやその値打ちがわからないため、事実上医療者がサービス内容を決めることになる。その結果、医療では市場による価格調整が機能しにくい。そのため、多くの国では政府がサービス提供の可否、すなわち保険給付の可否や給付価格（報酬）の決定に関与している。当然、保険給付の可否や給付価格の決定は医療支出額と密接に関わっている。これらの決定を通じて、政府は公的医療支出をある程度コントロールできる仕組みになっている。

１９９０年代から、医療資源の効率的配分を目指して、公的医療制度の中での給付の可否や給付価格調整に関して費用対効果の考え方を援用する国が出てきた。こうした国々は日本と同様に国民皆保険（保障）制度（universal health coverage：ＵＨＣ）を持っている国々だ。本来の universal health coverage は、世界的には「すべての人が必要な保健サービスを金銭的な困難なく享受できること」と定義される。UHCの達成度合は、保険制度がカバーする「人口」・「医療サービス」・「患者の自己負担額」の3つの要素で評価される。[*1] 1961年以来半世紀以上にわたって皆保険制度を維持してきた日本では、ほぼすべての医薬品が一律の自己負担割合（一般3割・高齢者1割）でカバーされている。実際、承認された医薬品は、原則60日から90日以内に薬価収載（すなわち、保険給付開始）となる。それゆえに、承認（approval）のプロセスと保険給付（reimbursement）のプロセスとはあまり区別されず、前者と後者を区分けして考える発想自体が浸透していなかった面もある。しかしこのようなシステムはUHC達成諸国の中でも例外的である。英国やオーストラリア、カナダ、北欧諸国をはじめ、UHCを導入した多くのアジア諸国でも、日本のように「承認」＝「保険給付」が無条件で成り立つ国はほとんどない。英国など「承認された医薬品のうち、一部のみを公的保険（保障）でカバーする」国や、フランスのように「病気や医薬品の重要度・有用性に応じて、自己負担割合を変動させる」国が一般的である。この場合、特定の医療サービスを給付するかどうか、給付するとしたら価格をどう設定するかについて、何らかの基準に基づく価値判断が必要になる。有効性や安全性、さらにその費用対効果に基づいてこの価値判断を行う機関が、のちに詳しく説明するHTA（health technology assessment：医療技術評価）機関で、表3－1が代表的

＊1　詳細は、http://www.who.int/health_financing/strategy/dimensions/en/ を参照。

代表的な HTA 機関

運用開始年	活用法	評価対象	対象の選定基準	閾値の設定
1999	給付の可否	新技術	保健省が指定	あり
2006	価格調整	新技術	追加的有用性の認定を希望する場合	なし
2007	価格調整	新技術	価格交渉不調の場合（適用例なし）	なし
1993	給付の可否	新技術	原則すべて	なし
2003	給付の可否	新技術	原則すべて	なし
2006	給付の可否	新技術	高薬価を希望する場合	なし
2007	給付の可否	既存技術	原則すべて	あり
2019	価格調整	既存技術	加算率・売上高など規定を満たす場合	あり

なものだ。

限られた予算をさまざまな医療サービスに配分するためには、どうしても優先順位を付ける必要がある。米国は主に民間保険会社、英国は政府が優先順位付けに深く関与する。効率性の観点からの優先順位付けの手段として、世界的に用いられている手法がＨＴＡである。より正確に言うと、ＨＴＡは広義には「医療技術の開発・普及・使用に伴う、医学的・社会的・倫理的・経済的な影響について研究を行う、学際的な政策分析領域」と定義され、対象は必ずしも医療経済評価・費用対効果評価には限定されない。一方、いわゆる費用対効果評価を「ＨＴＡ」と称する際には、狭義の定義、すなわち「費用対効果評価をもとにして医療技術の給付の判断や価格設定を行うことで、効率的な医療の実現を目指す研究領域」が当てはまる。この第３章では主に狭義のＨＴＡについて論じる。

表3－1

	機関名
英国	NICE
フランス	HAS
ドイツ	IQWIG
オーストラリア	PBAC
スウェーデン	TLV
韓国	HIRA/NECA
タイ	HITAP
日本	CORE2HEALTH

狭義のＨＴＡによって医療サービスの給付の可否を判断することについて、「ＨＴＡの導入は医療サービスへのアクセスの制限をもたらし、倫理的ではない」という批判的な意見もあるが、これは誤りである。アクセス制限の原因は予算制約であり、ＨＴＡではない。もともとのＨＴＡの議論は、限られた予算の下ではすべての医療サービスを保険でカバーできない、という厳しい現実からスタートしている。一方、日本では、医薬品については基本的にすべてを保険適用してきた。これは世界でも例を見ない寛大な制度運営である。寛大な制度には、ほとんどすべての患者に対して医療へのアクセスを保障できたという光の面もある。しかし現在、そうした予算度外視の医療システム運営によって制度の持続可能性が危ぶまれている。ここへきて予算に見合ったアクセス制限を課す必要に迫られているのだ。そもそも各々の医療サービスは国民の健康増進に有用なものもあれば、そこまで有用でないものもある。また、緊急性や社会的負担の大きい疾患もあれば、そうでないものもある。予算制約のためにアクセス制限を課すならば、闇雲に実施するのではなく、サービスそのものの有用性や疾患の重要性を考慮した上で、優先順位を付けて行うべきである。そしてその優先順位を付ける上で有用な情報を与えてくれるのがＨＴＡであ

る。つまり、アクセス制限の必要性が先に存在し、その前提で個々の医療サービスへのアクセスの可否を判断する基準として「たまたま」ＨＴＡすなわち費用対効果のデータが使われているに過ぎず、ＨＴＡの導入によってアクセス制限がもたらされたわけではない。

一部の医薬品が保険から外されることを問題視する主張のみならず、有効性・安全性に加えて効率性（費用対効果）を評価軸におくことによって、その分保険給付開始までの所要時間が延びることを問題視する「アクセス遅延」論もある。保険給付の可否を判断するための要素が増えれば、所要時間が延びるのはある意味当然である。ただ、ある技術を公的医療制度でカバーする際に、単なる臨床的有用性のみならず、介入の効率性も視野に入れて議論することは、「費用に見合った効き目のない医療資源を投入すること」のリスクを回避するためには不可欠なプロセスである。歴史的には、医薬品アクセスへのハードルは、20世紀初頭の安全性、１９６０年代以降の有効性、そして１９９０年代以降の効率性（費用対効果）と、徐々に数を増やしてきた。例えば、有効性の根拠となる研究として症例報告とランダム化比較試験（randomized controlled trial：ＲＣＴ）とを比較すれば、後者のほうがエビデンスレベル（研究の信頼性）は高いが、時間も予算もかかるのは必然である（エビデンスの種類や政策応用に関しては第5章で詳細に議論する）。実際に多くの国では、「有効性が確立した介入にのみ医療資源を投入すること」を担保するために、アクセスまでの所要時間をある程度犠牲にした上で、有効性の証明法について高いレベルの研究（通常はランダム化比較試験）を課している。時間軸にのみ注目して効率性のハードルを否定することは、不必要な介入が保険給付され、公的資金が有効活用されないリスクを軽視することになる。

3－2　費用対効果評価の方法

ここでは医薬品や医療機器の費用対効果評価を行うときによく使われている分析の概念や手法を紹介する。経済学の教科書で用いられている言葉と意味合いが多少異なることもあるので注意が必要である。また、国立保健医療科学院の福田敬が指摘するように、費用対効果評価を行うときには、誰にとっての費用を考えているのか明確にしなければならない（福田　2013）。すなわち分析の立場が重要となる。例えば、診療報酬の支払手の立場からは、ある医療行為の費用は自らが支払う診療報酬（医療費）のみである。一方、社会全体の立場をとれば、治療によって回避できる生産性損失（病気・ケガで仕事ができなくなることで経済活動が阻害される）も費用に含まれる。一般に、政策意思決定のための費用対効果評価を行うときには保険医療費支払者の立場をとり、医療費のみが分析に組み込まれる。

費用対効果評価の分類

本項では、いわゆる「費用対効果評価」の分類について概説する。費用対効果評価あるいは費用対効果分析という言葉そのものが多様な定義を持つが、この項では総称的なものを指している。すなわち、後に紹介する費用効果分析・費用効用分析・費用便益分析など、すべての分析を包含する意味で、「費用対効果評価」を用いている。

医療における費用対効果評価とは、ややもすると「医療費削減の成否を評価する研究」と誤解されることが多い。すなわち、費用対効果の「費用」を現在かかる医療技術そのものの費用（治療薬の費用など）、「効果」を医療技術によって将来減らせる費用（合併症の医療費など）と捉え、前者と後者の大小比較を行う研究であるという誤解である。しかし、一般的な「投資対効果」の考え方をそのまま援用した「初めにかかる医療費vsあとで減らせる医療費」のような研究は、正しい意味での費用対効果の研究とは言い難い。費用対効果評価の目的は、「費用削減を目指すこと」ではなく、医療資源の最適配分を達成するために「費用が高くてよく効く医療」と「費用が高くても効かない医療」とを切り分けて評価することにある。

費用対効果評価には、主に２つの考え方がある。「費用便益分析（cost-benefit analysis：ＣＢＡ）」そして、「費用効果分析（cost-effectiveness analysis：ＣＥＡ）」である。

ＣＢＡは、便益費用比もしくは純便益（便益と費用の差分）で評価するのが基本である。新しい薬や治療法が導入されて、既存の薬や治療法と比較する場合は、どの程度便益や費用が変化したか、△便益／△費用（便益と費用の増分の比）で評価をする。ここでの便益は医療費削減ではなく、得られる健康アウトカム（死亡率の減少や障害の減少、血圧や熱が下がるなど）を金銭に換算したものである。アウトカムの変化をどのように金銭換算するかがポイントになるが、肝心のアウトカムの金銭換算をせずに、医療費削減幅をそのまま便益とみなした、単なる費用比較（介入に伴う費用増大分と、将来の医療費削減分を比較した分析）に「費用便益分析」というタイトルが付されることは多く、論文を読む際には注意が必要である。多くの誤解が生ずる背景には、健康アウトカムを金銭換算すること自体の難しさがある。そこで、金銭換算を行わず、自然単位のままで健康アウトカムを評価する方法が、費用効果分析（ＣＥＡ）である。実際の費用対効果評価のツールとして一般的に用いられるのは、アウトカムの金銭換算を回避できるＣＥＡである。

費用効果分析（ＣＥＡ）では、（増分）費用と効果の比を評価するのが基本である。介入ごとに費用効果比を独立に求めるのではなく、追加的にかかる費用が追加的に得られる効果に見合ったものであるか、△費用／△効果（費用と効果の増分の比）で評価をする。専門用語ではＩＣＥＲ（incremental cost-effectiveness ratio：増分費用効果比）と呼ばれる。費用対効果評価において要となる概念なので、次に詳しく解説しよう。

費用便益分析における「便益費用比」は、便益が分子、費用が分母になる。一方で費用効果分析・費用効用分析でのＩＣＥＲは、効用や効果が分母で、費用は分子となることが通常である。便益費用比は1を超えて値が大きくなるほど効率的、ＩＣＥＲは値が小さくなるほど効率的となるので、注意が必要である。

図3－1　費用対効果評価の「原則」

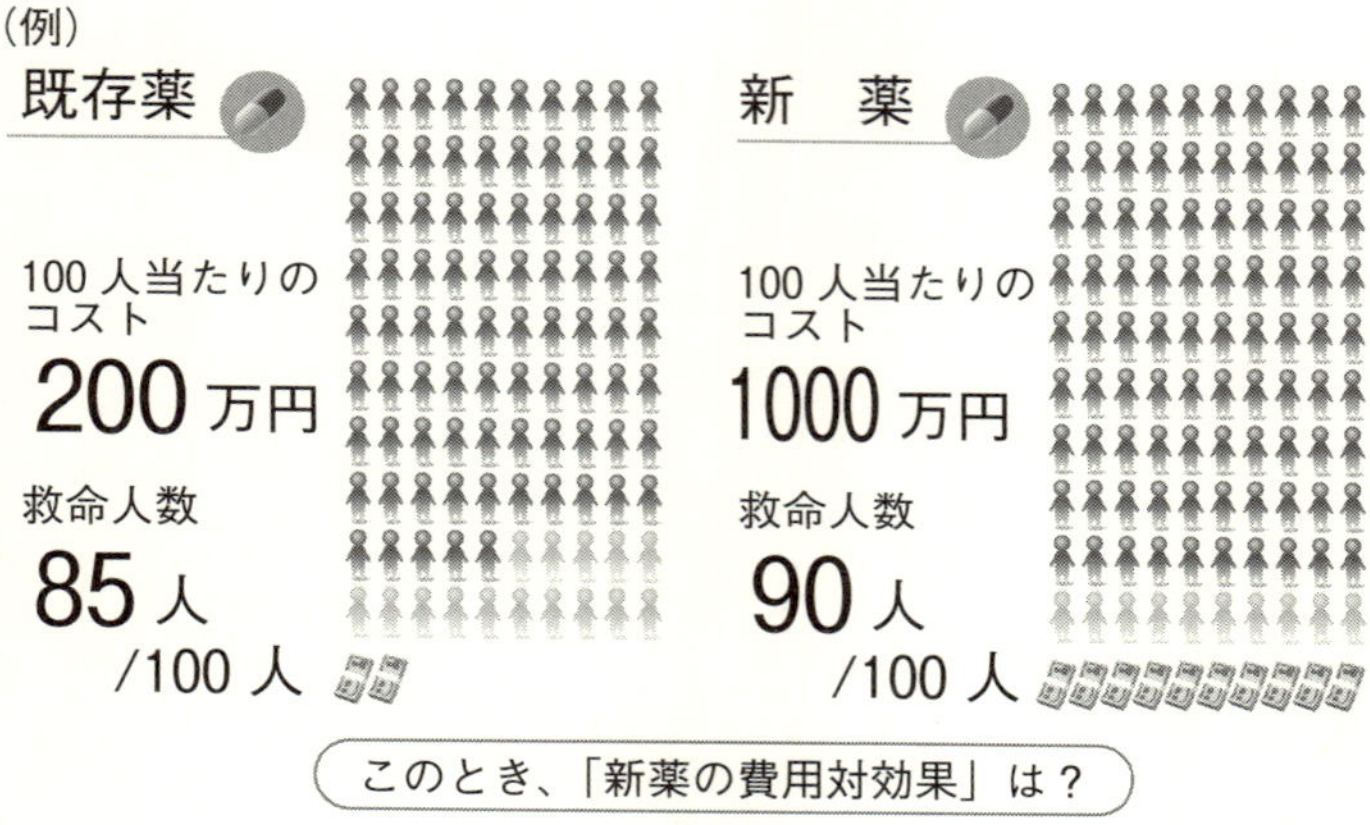

ICERの考え方

図3－1と図3－2に、単純化した費用対効果評価の概念図を示した。今までの薬を使うと1人当たり2万円（100人当たり200万円）で、100人中85人を救命できる。一方で新しい薬を使うと、1人当たり10万円（100人で1000万円）で、100人中90人を救える（図3－1）。

「費用対効果」という言葉からすぐに連想されるのは、既存薬と新薬、それぞれの費用を効果で割り算することだろう。この数値は、図3－2左下の原点から延びた2本の直線の傾きに相当する。直線の傾きは既存薬なら200万円÷85人で1人救命当たり2.4万円、新薬は1000万÷90人で1人救命当たり11・1万円となる。この値を費用効果比（cost-effectiveness ratio：CER）と呼ぶが、CERを比較しても正しい評価はできない。

正しくは、費用も効果も既存薬（コントロール群）

図3－2　CERとICER

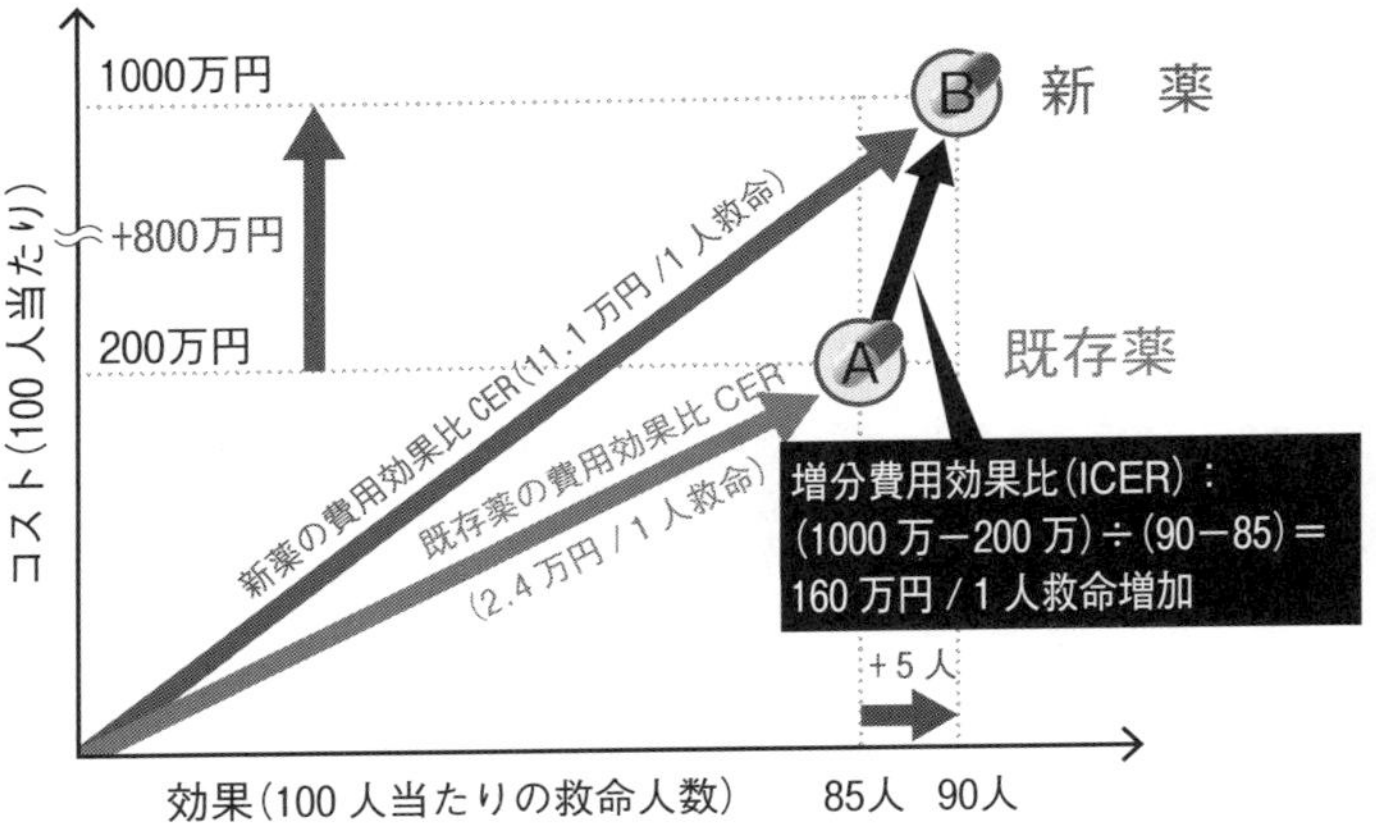

との差をとって比較する。図３－２中、ＡとＢを結ぶ矢印の傾きに相当する。具体的には、コストの差分を効果の差分で割り算して、（１０００万－２００万）÷（90人－85人）＝１６０万円／１人救命増加となる。この値がＩＣＥＲである。費用対効果評価の際には、ＣＥＲでなくＩＣＥＲで評価するのが基本になる。

身近な例では、あるレストランで「１０００円のランチ」と「１５００円のランチ」の２つから選んで注文する際に、考えるのは「それぞれのランチの１円当たり・１キロカロリー当たりの値段」などではなく、「１５００円ランチと１０００円ランチの質や量の差が、差額の５００円に見合っているか？」であろう。薬の場合もこれと同様に、「コストの差分に見合った効果の改善があるか否か？」を評価するのである。

ＩＣＥＲの値が小さければ、より少ない費用負担で同じ量のアウトカム改善を達成できることになる。すなわち、ＩＣＥＲの値は小さければ小さいほど、相対的に「費用対効果に優れる」ことになる。ただし、「１人救命増加当たり50万円」と「生存年数1年延長当たり１００万円」など、分母の違うＩＣＥＲ同士を比較することは無意味である。そのため、効果のものさし（アウトカム指標）を何に設定するかが問題になる。救命人数や生存期間とした場合、すぐに死に至ることは少ない疾患領域、例えば糖尿病治療薬などの生活習慣病や慢性疾患の医薬品と、肝炎治療薬や抗がん剤との比較は難しくなる。

さらに、「代理（surrogate）のアウトカム」と「真（true）のアウトカム」のどちらを使うかも問題になる。つまり臨床検査値のような代理のアウトカムを選べば、データは容易に得られるが、アウトカムの改善が患者にとって本当に利益になるかはわからない。例えば「血圧（代理のアウトカム）を下げることが、心筋梗塞（真のアウトカム）を本当に予防するか、生命予後（寿命）を本当に改善できるか」は実はそれほど明確ではない。心筋梗塞の発症や生命予後などの真のアウトカムを選んだ場合、データをとることは難しくなるが、結果の解釈はやや容易になる。

健康の効果としては、生存年数（life year：ＬＹ）を用いることが一般的だが、生存年数だけでなく患者の生活の質（quality of life：ＱＯＬ）も重要な要素である。そこで、生活の質（ＱＯＬ）と生命の量（quantity of life）という2つの健康の側面を考慮した健康アウトカム指標が、ＱＡＬＹ（quality-adjusted life years：質調整生存年）である。

ＷＨＯ（World Health Organization：世界保健機関）が健康を「完全な肉体的・精神的および

社会的福祉の状態であり、単に疾病または病弱の存在しないことではない」と定義しているように、生活の質＝ＱＯＬもさまざまな側面を持つ。痛みや症状のような「身体面」だけでなく、活動性などの「役割・機能面」、さらには社会的・心理的側面など、さまざまな側面が重なり合いつつ「ＱＯＬ」という概念を構成している。

このようなＱＯＬの概念をより単純に表現するために、患者の主観を重視する意味で、「患者報告アウトカム（patient-reported outcome：ＰＲＯ）」という用語が提案された。

ＰＲＯは、ＦＤＡ（Food and Drug Administration：米国食品医薬品局）が発表した業界向け指針では、「患者の回答について、臨床医や他の誰の解釈も介さず、患者から直接得られる患者の健康状態に関するすべての報告である」と定義される（ＦＤＡ ２００９：筆者訳[*2]）。この指針の中でＦＤＡは、「適切にデザインされた研究で明確に定義された信頼性の高いＰＲＯ尺度」で測定された結果は、医薬品の承認申請時にも使えることを明示している。臨床検査値のような「客観的アウトカム」だけでなく、患者の主観的なアウトカムも効き目のものさしとして使用可能であることを示した意味で、この指針の意義は大きい。ＱＡＬＹやＱＯＬ値はもちろんＰＲＯに分類されるが、患者の自覚症状や治療への満足度、さらには適切に薬を服用できているかどうか（服薬アドヒアラ

＊2　原文は、“any report of the status of a patient's health condition that comes directly from the patient, without interpretation of the patient's response by a clinician or anyone else” である。

ンス）などを単純に質問するものも、ＰＲＯに含まれる（日本製薬工業協会データサイエンス部会２０１６）。医薬品の承認時のみならず、公的医療制度での給付の可否や給付価格を判定する際にも、ＱＯＬやＰＲＯ尺度が重要な役割を果たす。

効果をどのように測るのか？――ＱＡＬＹの考え方

「何年生きたか？」の生存年数（ＬＹ）をアウトカム指標にとれば、肝炎治療薬と抗がん剤と糖尿病治療薬を同じ土俵で比べることができる。しかし、疾患発症後の生活の質（ＱＯＬ）の低下は、生存年数でも評価できない。肝硬変や脳梗塞、認知症などの原因で、介助者なしでは外出できない状態で1年生きるのと、完全に健康な状態で1年生きるのとでは価値は変わってくるだろうが、生存年数をものさしにするとどちらも「ともかく1年生きた」とカウントするしかない。関節リウマチや認知症のような、余命（生命予後）への影響（mortality）よりも生きている間の生活の質への影響（morbidity）が重視される疾患の場合、生命予後のものさしだけでは、病気の重みを適切に測れないことになる。

こうした考え方を発展させたのが質調整生存年（ＱＡＬＹ）の概念である。ＱＡＬＹは、生存年数をＱＯＬ値で重み付けして算出される指標だ。具体的には、特定の健康状態に、死亡がゼロ・完全に健康が１の「ＱＯＬ値」を当てはめる。例えば病気が進行して寝たきりとなり、介助者なしには外出ができない状態（状態Ａとおく）に0.4を当てはめたとしよう。すると状態Ａで1年生きることは、生存年数では当然1年だがＱＡＬＹ基準では1×0.4＝0.4ＱＡＬＹに換算される。状態Ａで10年生きることと、完全に健康な状態で4年生きることとがどちらも4ＱＡＬＹで同等となる。ＱＡＬＹとＬＹの大小関係については、対象者が完全な健康（ＱＯＬ値1.0）でない限りは、ＱＡＬＹ＜ＬＹとなる。ある健康状態ａでＸ年間過ごした場合、生存年ＬＹがＸ年なのは自明であろう。質調整生存年ＱＡＬＹは、Ｘに「健康状態ａに割り当てたＱＯＬ値」を乗じて算出される。ａが「完全な健康（perfect health）」の状態ならばＱＯＬ値は最大値1をとるので、ＱＡＬＹでもＬＹでもＸ年となる。健康状態がわずかでも損なわれていれば、ＱＯＬ値＜1となるから、ＱＡＬＹ＜ＬＹ＝Ｘとなる。

一般的な経済学の用法とは異なるので注意してほしいが、ＱＯＬ値は効用値（utility score）とも称され、アウトカムとしてＱＡＬＹを用いる（すなわち、1ＱＡＬＹ獲得当たりの追加費用を算出する）分析を費用効用分析（cost-utility analysis：ＣＵＡ）と呼ぶ。ただし、ＱＡＬＹという間隔尺度（同じ数値の差は、どこでも同じ価値を持つ）として表現された数値が経済学で言う「効用（utility）」の近似値たりうるか、あるいは健康の近似量にとどまるのかは、慎重な議論が必要である。日本の費用対効果評価ガイドラインが、研究向け（福田　２０１３）のものも企業が厚労省に提出するデータ向け（厚生労働省　２０１５）のものも「ＱＯＬ値」という表現を使っているのは、この議論に深入りしないためでもある。

1ＱＡＬＹの価値が、年齢や健康状態を問わず一定なのか否か（“A QALY is a QALY” is a

QALY?）も問題となる。原則では、老若男女を問わず１QALYの価値は同じであるし、QOL値1.0の元気な人が1年生きるのと、QOL値0.1の病気の人が10年生きるのもやはり等価となろう。原則通りすべて等価とみなした上で、アプレイザル（費用対効果以外の要素、例えば倫理的な視点等を加味しつつ総合的に判断するプロセス）の際に個々の事情を汲むべきという考え方と、「fair innings rule」と呼ばれる若い人の健康回復を優先する考え方、さらには功績主義と訳されるこれまでの社会への貢献度が大きかった人の健康回復を優先する（実質的には、社会への貢献可能時間がより長かった点で、高齢者が有利になるだろう）考え方とで、現在も議論が続いている。しかし、こうした議論があるにもかかわらず、それでもなおQALYは諸外国のHTA機関で広く使われている。その最大の理由は、QALYという指標を用いれば、単一の指標で健康状態を測ることができて、あらゆる医療サービス間の費用対効果の比較が可能となるからである。この比較は、医療システム全体における資源配分の優先順位付けの一助となる。

QALYを計算するためには、特定の健康状態に対する重み付け、すなわちQOL値の測定が不可欠である。QOL値の測定法は、直接法と間接法とに大別される。

直接法はその名の通り、ある健康状態のQOL値を直接測る方法である。最も単純なのは、温度計のような0から100までのスケールを用意して、該当するところにチェックしてもらう手法（rating scale, visual analogue scale：VAS）である。しかし、この方式だと0点（死亡）や100点（完全な健康）の近くに付ける人は少なく、中央付近（40～80点、すなわちQOL値0.4～

0.8）にスコアが集中する。すると0点や100点付近での「10点変化した」の価値と、中央付近での「10点変化した」の価値が変わってしまい、結果として間隔尺度の条件が失われることになる。そのため、QOL値の測定法としてVASが用いられることは少ない。

直接法としてよく使われるのは、time trade off 法（TTO法、時間得失法）や standard gamble 法（SG法、基準的賭け法）である。TTOは、「寝たきりで10年間生きる」ことと、「完全に健康な状態でX年生きる」ことで、どちらがより好ましいかを「X年」を変化させつつ測定する。X年＝10年ならばみなピンピンを選択するが、X年＝1年だとむしろ「寝たきり10年」を選ぶ人が多くなる可能性がある。ある人がX年＝4年で「どちらも同じ」と回答したら、QOL値は4÷10＝0.4と算出する。SGの場合は、「このまま寝たきりで10年過ごすか、成功率△％の手術を受けるか？」の選択を行う。手術は、成功すれば完全に健康な状態で同じ期間過ごせるが、失敗すればすぐに死んでしまう手術である。TTOと同様に、「成功率△％」を変化させ、「どちらも同じ」となったところの成功確率をQOL値とする。

TTOやSGのように「直接」測る手法は、所要時間や負担などを考えるとやや難しいこともある。そのため、より回答しやすい質問票を作った上で、その質問票とQOL値との換算表（tariff）を使ってQOLを求める間接法がよく使われる。

間接法のうち、英国のHTA機関であるNICE（National Institute for Health and Care Excellence）においてQOL値を測る際に最も汎用されており、多くの他のHTA機関でも推奨されているのが、欧州の研究組織・EuroQOLグループで開発されたEQ－5D（Euro-QOL 5 Dimension）という5項目の質問票である。５項目とは「移動の程度」「身の回りの管理」「ふだんの活動」「痛みや不快感」「不安やふさぎ込み」である。EQ－5D－3Lは、この5項目について「まったく問題ない・いくらか問題あり・まったくできない」の３水準（3 level）で評価する質問票である。３水準だと軽微な変化に対応しづらいことも多いため、項目はそのままにして「問題ない・少し問題あり・いくらか問題あり・かなり問題あり・まったくできない」の５水準に改訂したEQ－5D－5Lも提案されている。日本人への研究によって作成された公式の換算表が公表済みであり、ガイドライン案の求める「国内データに基づき開発されたスコアリングアルゴリズム（回答をＱＯＬ値に変換する換算表のこと）を使用する」という基準も満たしている。もちろん、「移動の程度」から「不安やふさぎ込み」までの5項目のみで、多面的なＱＯＬのすべての要素を捕捉することは不可能である。例えば視覚・聴覚などの感覚器系の異常や、認知機能の低下そのものは、５項目に直接影響するものではない。ただ、あらゆる要素を網羅することは質問項目自体を肥大化させ、かえって実施可能性を下げることになる。それぞれの質問票の特性を把握した上で、状況に応じて適切な質問票を選択することも重要である。現段階で国内データを使用した換算表があるのは、EQ－5D－3L、EQ－5D－5Lの他、SF－6Dがある。SF－6Dは英国シェフィールド大学で開発された指標であり、36項目からなるＱＯＬ質問票であるSF－36の回答から、ＱＯＬ値を測定する。SF－6Dそのものは身体的機能・仕事や家事の制約・社会的機能・痛み・精神面の健康状態・活力（vitality）の６項目からなるが、ＱＯＬ値を計算するにはSF－36の36項目すべてに回答する必要がある（Brazier et al. 2009）。

また、カナダのマクマスター大学が開発したＱＯＬ評価指標であるＨＵＩ（Health Utilities Index）も、ＱＯＬ値を計算できるアルゴリズムが開発中である。ＨＵＩは、視力・聴力・会話・歩行・器用さ・感情・認知・痛みの８項目からＱＯＬ値を測定する質問票である。

費用をどのように測るのか？

効果に比べて、費用は概念的にもわかりやすく、データの入手も容易に思えるが、実はここでも注意が必要である。例えば、「費用＝新規医療サービス（介入）の導入に必要な費用」、「効果＝介入によって将来削減が見込める費用」と誤解されることが少なくない。しかし、医療経済評価では、「介入の導入に必要な費用」も「将来削減できる費用」も、どちらも費用に分類される。つまり、導入費用－削減費用＝総費用である。

費用対効果評価の「効果」は、削減医療費でなく健康アウトカムの改善そのものを指すので、以下のように分類したとき、「『①と②の差分』（費用）と『③』（効果）のバランスを評価」するのが費用対効果評価である（五十嵐・佐條 ２０１４）。

①介入の導入そのものによって増大する費用（薬ならば、薬剤費そのもの）

②介入によって将来の削減が見込まれる費用（疾患の治療費など）
③介入によって将来の改善が見込まれる健康アウトカム（罹病回避・死亡回避・生存年数延長など）

「高くてよく効く介入」と「高いのにあまり効かない介入」を切り分けるのが費用対効果の評価で、費用削減のみをひたすらに追求するものではない。そもそも、導入にかかる費用よりも削減できる医療費が上回り、結果的に関連疾患の医療費を減らせる介入はきわめて少ない（数少ない例としては禁煙治療がある）。生活習慣病や抗がん剤など一般的に話題になる「高額薬剤」では、ほぼ確実に薬剤費＞削減医療費となる。

費用推計の際には、この節の冒頭で述べた分析の立場の選択が重要になる。立場の選び方の基本は、分析結果を使う人に近い立場、言い換えれば「意思決定の役に立つ」立場を選ぶことである。経済評価の結果を、ある技術を保険でカバーするかどうかに使うとすれば、最も適切な立場は当事者、すなわち保険者の立場となろう。だとすれば、経済評価の結果を保険給付の可否・価格調整に使う国では、保険者の立場が基本的に使われる……となりそうだが、少々問題がある。自己負担がないか、わずかな額の定額負担の国であれば、保険者の立場からの分析は簡単だ。しかし日本のように、定額負担でなく定率負担の形をとり、なおかつ年齢によって自己負担が変動する場合、患者自己負担分と保険者の負担分を正確に切り分けることはやや難しくなる。年齢がわかったとしても、月の自己負担が一定額以上（標準の所得の人では約９万円以上）になると自己負担割合が低く抑えられる高額療養費制度などもあるため、正確を期そうとすると、個々人レベルでデータを集める必要が出てくる。

実際の運用でよく用いられているのは、「医療費支払者の立場（healthcare payer's perspective）」である。保険者の立場と表記はよく似ているが、医療費支払者の立場をとるときは、自己負担割合を考慮せずに「医療費のみ」を「１００％」計算に入れる。なお英国ＮＩＣＥの費用対効果評価ガイドラインでは、医療費のみならず介護費も算入することが許容されている。

医療費あるいは介護費のみを組み込む「医療費（介護費）支払者の立場」と双璧をなす立場が、考え得るすべての費用を組み込む「社会の立場（societal perspective）」である。本来の意味での社会の立場は、費用推計に関して価格ではなくすべての費用を用いることなど厳しい条件が付けられており、完全に満たす研究は非常に少ない。「本来」の社会の立場と、より広い意味での社会の立場を区別する意味で、生産性損失を考慮した立場を「限定された社会の立場（restricted societal perspective）」と定義することもある（Garrison et al. 2010）。

どんな領域でも、「この病気は悪化すると仕事ができなくなる。そのような損失も含めれば……」のような議論は必ず出てくる。そもそも悪化して（ひどくなって）も仕事に影響しない病気のほうがおそらく稀で、ある意味当然のことであるが、「医療費だけでは費用対効果が悪くなった。だが、社会の立場から生産性損失を組み込めば、より『社会の立場』での費用対効果は良くなる」というような考え方を持つ人もいる。

現実には、領域や疾患の特性によっては、生産性損失を費用に組み込んでも結果が変わらないか、むしろ悪化（ＩＣＥＲの数値が増大）する場合すらありうる。この理由としては、まず高齢者に多い疾患を取り扱う場合、病気がなかったとしてもすでに定年退職している可能性が高く、算入すべき生産性損失が存在しなくなる。家事労働などを考慮して平均寿命まで生産性損失を（就業率を考えずに）組み込む方法もあるが、通常は定年退職までの年齢、現状であれば65歳に達するまでで計算を止めることが一般的である。そのため、好発年齢（頻繁に罹患する年齢）が70～80歳の疾患などでは、生産性損失がゼロとなる。次いで、転移・再発後の抗がん剤などの重症例に対する介入を評価する場合、仮によく効いたとしても、実際に仕事に復帰できるかどうかは不明である。がんが転移・再発した時点ですでに退職していれば、介入の有無にかかわらず生産性損失に変化はない。前者も後者も、新しい薬でも今までの薬でも就業状況は変わらない（どちらにしてもすでに退職）ため、どちらを選んでも生産性損失は同じ金額となる。そのため、増分費用（費用の差分）を求める際には相殺されてしまい、ＩＣＥＲの値には影響しなくなる。

スウェーデン・オランダ・タイなど一部のＨＴＡ機関は、生産性損失などを組み込んだ社会の立場からの分析を推奨する。ただし、これらの国の実際の評価事例では、「高齢者が対象で、もともと仕事をしていない」「末期の疾患で、就労に復帰できる可能性が小さい」などの理由で、実質的に医療費のみを分析に組み込んでいる例も多い。例えばオランダのＨＴＡ機関であるＣＶＺ（College voor Zorgverzekeringen：現在はＺＩＮ［Zorginstituut Nederland］と改組）で公開されている394件の評価結果のうち、実際に生産性損失を含んだ分析がなされていたのは23件（5.8％）にとどまっていた（廣實・五十嵐 2017）。生産性損失組み込みの有無で結果が最も大きく変動したのは血栓溶解薬ダビガトラン（7719ユーロ→2085ユーロ）やRSウイルス感染症治療薬（2万5481ユーロ→1万3911ユーロ）であり、比較的若い世代への治療介入で影響が大きいことが示唆されている。

割引率――将来の費用や効果の現在価値への換算

医療サービスの費用対効果を評価する際、特に分析期間が長期にわたる場合には、将来に発生する費用・効果を現在の価値に換算する割引（discount）のプロセスが重要となる。代表的な長期間の分析は、予防接種や健康増進プログラムのような、効果が現れるまでに時間を要する予防介入である。予防介入でなくても、寿命やQOLへの影響を追跡するためには、必要な分析期間はどうしても長めになる。例えば、40～50代の高血圧や脂質異常症の患者への治療を、生存年数やQALYをものさしに評価したとする。短期間の分析では、脳卒中や心筋梗塞はほとんど発生しないため、治療の有無での差はきわめて小さくなってしまい、治療の価値を捉えることが困難になる。多くの分析が長期間にわたるため、割引が必要になる場面もやはり多くなる。

割引を行う根拠は、単なる市場利子率の存在のみならず、「もらえるならばなるべく早く、支払うならばなるべく遅く」の時間選好（time preference）にある（Drummond et al. 2015）。日本のような金利がほぼゼロに近い社会においても時間選好自体は存在するため、長期の評価を行う際には割引を行うことが日本の費用対効果評価ガイドラインでも推奨されている。割引率を何％に設定するかについて明確な根拠はないものの、年率２％が基本となっている。

割引は、将来発生する費用のみならず、アウトカムにも適用される。すなわち、「２０５０年の元日から大晦日まで1年生きられる」ことは、「２０１９年の元日から大晦日まで1年間生きられる」ことよりもやや価値が下がると捉える。ただし、費用と同じ割引率を当てはめるべきかどうかは議論もあり、英国のＨＴＡ機関であるＮＩＣＥでも一時的に「費用６％、アウトカム1.5％」と異なる割引率を推奨していた時期がある（Raftery 2013. 現在は両者とも年率3.5％に統一）。

小児の予防接種の評価や、若年層への禁煙プログラムの評価などでは、分析期間が非常に長く（50年以上）なることも多い。「生存年数50年」を現在の価値に割引くと、日本で推奨される年率２％でも31・1年、海外でよく用いられる年率３％および５％では25・５年および18・２年となり、割引率が結果に与える影響が非常に大きくなる。このため、英国・フランスなどでは、超長期にわたる（おおむね30年以上）分析の場合は割引率を低めに調整した分析も許容している（NICE 2013; HAS 2012）。

3－3 「費用対効果に優れる」とは？——閾値の考え方

この節からいよいよ費用効果評価を使った医療資源配分の説明に入る。限られた予算を前提とする資源配分問題は、経済学ではどのように理解されるか。ここで登場するのが、「機会費用」の概念である。何かをすることの費用は、それを得ることによって何を諦めなければならないかによって測られるべきである、という考え方だ。公的医療資源の配分にもこれが当てはまる。いまXという薬があるとする。Xに予算を割くということは、別の薬Yにはその予算を割かないということだ。ここでXの真の費用は、Xの生産コストではない。真の費用とは、XではなくYに投資することによって回復することができたはずの健康のことである。すなわち、Xによって期待できる健康回復が、その機会費用よりも大きければ、Xに資源を投資すべきであるというのが原則となる。したがって、費用対効果を評価する基準は、「その予算を何か別の医療に使っていたら得られたであろう健康」を考え、それをICERの基準と考えるのである。

費用対効果の閾値とは？

どのような効果指標を使う場合でも、ICERの値は小さければ小さいほど「費用対効果に優れる」と述べた。これは「1000万円／1人救命増加よりは200万円／1人救命増加のほうが、より費用対効果に優れる」という相対評価だが、QALYを使った費用効用分析の場合は、絶対的な評価も可能である。１ＱＡＬＹ獲得当たりのＩＣＥＲは明確な基準ではないものの、英国では２〜３万ポンド程度、米国では5〜10万ドル程度、日本では５００〜６００万円程度までであれば、慣習的にはおおよそ「費用対効果に優れる」とされてきた（Drummond et al. 2015; Neumann et al. 2016）。この値を「閾値（threshold）」と呼ぶ。

閾値の算出法は、以下の４つが代表的である。

①生命の維持に不可欠な治療（透析治療やバイパス手術）の費用対効果を当てはめる手法

②１人が健康に1年間過ごせれば、その分の付加価値を生み出せると仮定し、１人当たりのＧＤＰを当てはめる手法（主に低中所得国）

③健康に1年過ごすことに対する支払意思額（willingness-to-pay：ＷＴＰ）を測定する手法

④ある医療サービスに医療予算を投下することによって諦めなければならなかった健康価値、すなわち機会費用の値をもって閾値とする方法

日本では２０１６年からの費用対効果の試行的導入の際に、③の考え方に基づき、１ＱＡＬＹに対する支払意思を対面調査によって測定する研究が計画されていた。この調査そのものは実質的に中止されたものの、「閾値を決めるには支払意思の調査が不可欠である。なおかつ、閾値は支払意思がわかれば一意に定まる」のような誤解はまだ多い。この問題点に関しては次節で詳しく議論する。

閾値を巡る「理想と現実」

費用対効果評価を政策に応用している国で、ＱＡＬＹをアウトカム指標に用いるときには、閾値の設定が必須という誤解も多い。しかし英国ＮＩＣＥのように、一応の基準（1ＱＡＬＹ当たり2～3万ポンド）を明示している国はむしろ少数派であり、通常は閾値を明示しないことが多い。各国のＨＴＡ機関の「閾値」設定状況についてのシステマティック・レビューによれば、明示的に閾値を示しているＨＴＡ機関は英国ＮＩＣＥを除くとタイ・ポーランド・スロベニアの3カ国に限られる（Schwarzer et al. 2015; Skoupa et al. 2014）。またこれら3カ国の閾値の設定法は、基本的にはＧＤＰや国民所得（ＮＩ）のような経済指標にリンクしており、日本で検討されたような「支払意思額の調査を事前に行って、閾値を定めた」ＨＴＡ機関は存在しない。

経済指標にリンクさせるやり方、すなわち先述の②に当てはまる手法について、根拠としてよく引用されるのはＷＨＯ（２００２）の基準で、ＧＤＰの1倍よりも小さければ「highly cost-effective」、1～3倍ならば「cost-effective」と定めている。もっとも、基準を3倍においた設定根拠は明確ではない。また、1ＱＡＬＹ獲得当たりではなく1ＤＡＬＹ（disability-adjusted life year：障害調整生存年）回避当たりのＩＣＥＲなので、厳密には異なる概念である。詳細は Marceille et al.（2015）を参照されたい。後述の通り、最も有名な閾値である英国ＮＩＣＥの「1ＱＡＬＹ当たり2～3万ポンド」も、科学的な根拠はない。さらにオーストラリアのＨＴＡ機関・ＰＢＡＣ（Pharmaceutical Benefits Advisory Committee）のように、「費用対効果のデータは多種多様な意思決定ツールのひとつであり、実際の推奨の可否は、他の治療法の有無や医療予算へのインパクト、疾患の重篤度などを総合的に判断して実施する」として、「閾値を設定しない」ことを明示する機関も存在する。費用対効果評価を価格調整に使っているフランスのＨＴＡ機関ＨＡＳ（Haute Autorité de Santé）も、閾値に関しては「実際の評価例が十分に蓄積されたのちには帰納的な推計が可能だが、現段階で線引きはしない」としている。

閾値を明示的に設定している英国でも、実際の運用はやや柔軟になされている。ＮＩＣＥの設立当初から閾値が設定されていたわけではない（Towse et al. 2002; Devlin and Parkin 2004）。導入後の評価結果からおおよその目安として２～３万ポンドが推定され、その後公式のガイドライン（NICE 2004, 2009, 2013）にもこの値が「基準」として明示されたものである。しかし、現実の決定では、公称値（２～３万ポンド）が厳密に適用されているわけでなく、ＩＣＥＲが４万ポンド／ＱＡＬＹとなる医療サービスにおいてすら、約半数のサービスが給付されている（Dakin et al. 2015）。

ＷＴＰをもとに閾値を設定する場合でも、多種多様な要因が閾値に影響しうる（Shiroiwa et al. 2013）。例えば、同じ生存期間で「ＱＯＬ値を0.2から0.4に改善する医療サービス」と、「ＱＯＬ値を0.8から1.0に改善する医療サービス」とで、ＷＴＰの数値は異なる（感覚的には、より重症な前者へのＷＴＰが高い値になるだろう）。また、「ＱＯＬ値を0.2から0.4に改善（0.2増加）する医療サービス」と、「ＱＯＬ値を0.2から0.6まで改善（0.4増加）する医療サービス」のＷＴＰを比較すると、仮に閾値が一意に定まるならば後者は前者の2倍の数値となりうるが、実際のＷＴＰは2倍を下回る。演繹的であれ理論的であれ、単一の閾値（「可」「不可」の二段階しか設けないという「単一」でなく、評価基準のもととなる関数を単一にする、の意）をすべてに援用することは、やや困難ともいえる。閾値に影響を与える要因としては、治療開始前のＱＯＬ値や介入による改善幅の他、致死的な状況であるかどうか（一般的には、致死的な状況でのＷＴＰはそれ以外の状況よりも高くなる）などが指摘されてきた（Nimdet et al. 2015）。さらに、仮想的な状況の設定法によっても金額が変化することが示唆されている（Tsuchiya and Watson 2017）。具体的には、すでに疾患にかかっている状態からＱＯＬを改善できる介入に対するＷＴＰを測定する（ex post approach）シナリオと、将来の疾患にかかる可能性を引き下げる介入へのＷＴＰを測定する（ex-ante approach）シナリオとで、金額は変化しうる。また自分自身の疾患への介入に対してのＷＴＰを考えるか、コミュニティ内の「誰か」を治療するための介入に対して構成員全体でのＷＴＰを考えるかでも、やはり金額が変動することが示唆されている（Igarashi et al. 2019）。

3―4　日本の政策応用へ

現在日本の医療制度が抱えている重要な問題は、医療費の増大によって制度全体の持続可能性が損なわれていることである。支払能力以上の医療支出を行ってきたということだ。この問題を背景として、現在、費用対効果評価を導入しつつ、支払能力を加味した公的医療保険制度の運営へとシフトすることが議論されている。しかし、先述の通り、肝心の費用対効果の尺度である閾値には、ＷＴＰ、つまり１ＱＡＬＹに対して国民がいくら支払う意思があるかを調査し用いる方向で議論が進められていた。

ＷＴＰと資源配分

支払意思額をもとにした費用対効果の判断では、以下のロジックが用いられる。「平均的な国民の１ＱＡＬＹに対するＷＴＰは５００万円であるとする。既存薬Ａに代わって新薬Ｂにより追加的に１ＱＡＬＹ獲得しようとする場合、必要な追加予算は４００万円である（つまりＩＣＥＲ＝４００万円／ＱＡＬＹ）。これは１ＱＡＬＹへのＷＴＰを下回るため、Ｂは費用対効果に優れる」。これは一見わかりやすいが、以下に述べる理由で不適切である。

少なくとも公的医療制度の文脈では、平均的な国民が支払ってもよい（willingness-to-pay）、と思っているということと、それを財政的に支払うことができる（ability-to-pay）、ということはまったく異なる。通常は財政上の理由から、国民一人ひとりが支払ってもよいと考える医療サービスをすべて提供することは難しい。例えば、英国においては１ＱＡＬＹに対するＷＴＰが約３～７万ポンドであったのに対して、医療システムにおいて１ＱＡＬＹに対して支払える金額を後述の機会費用に基づいて推定した値は約１万５０００ポンド程度であった（Mason, Jones-Lee and Donaldson

2009; Claxton et al. 2015)。日本では、支払能力を考えずに医療制度運営を行ってきたことが現在の財政問題の最大の原因である。それにもかかわらず、相変わらず支払能力を重視せずに、個人の支払意思に基づいた制度を作ったとしても、財政問題解決への効果は限定的であろう。

ＷＴＰが有用になるのは、医療制度全体の予算を決めるときである。日本全体でどの程度の医療需要が見込まれるかの数値（ＱＡＬＹベースで計算）をもとに、１ＱＡＬＹに対してはこれだけの支払意思があるのだから、これだけの予算を計上しなければならない、という計算ができる。それに基づいて保険料や税支出（徴税）額を決めればよい。ただし、その場合でも国家予算は限られているので、医療以外の分野、教育や環境、国防などの予算決定との調整が必要となる。

予算額を決めるのにＷＴＰは有用であるが、その一方、ＷＴＰは「限られた医療資源の効率的配分」とはほとんど無関係である。「効率的な配分」は、持続可能な医療予算の大枠（予算制約）が決まった後の話である。本来は、支払うことができる水準に全体の医療費を抑え、その枠の中で最も効率よく予算を配分する方法を考えなくてはならない。そして、その予算をどう配分するかは、その使途の機会費用によるべきであるというのが経済学の教えだ。すなわち、１ＱＡＬＹを獲得するための医療サービスの真の費用は、同じ予算を別の医療サービスに使った場合に期待できる獲得ＱＡＬＹ数である。この機会費用は、システム全体の生産性に依存している。現在の医療システムの限界生産性、つまり1単位の追加予算で期待できる獲得ＱＡＬＹ数を計算する（Martin, Rice and Smith 2008; Claxton et al. 2015）。ある薬Ｘが費用対効果に優れるといえるためには、Ｘへの追加予算によって期待される獲得ＱＡＬＹが、この限界生産性の値を上回らなければならない。逆にそうでなければ、Ｘへの予算を別の医療サービスに使うことで、それ以上の獲得ＱＡＬＹが期待できる。当然、この場合はＸは費用対効果に優れるとはいえない。日本において医療予算投入の機会費用の定量化はいまだ行われておらず、今後の課題となっている。

費用対効果を巡る日本の動き

日本では、２０１６年４月から試行的に費用対効果評価が導入され、指定された７つの薬剤に関する企業の分析・大学その他の再分析が行われた。対象薬剤には、財政影響が大きな話題となったソバルディ（Ｃ型肝炎）・オプジーボ（肺がんおよびメラノーマ）が含まれる。現時点では対象外であるが、高血圧、糖尿病や脂質異常症など生活習慣病領域も、薬の単価が安くても使用人数が多いため、全体の医療予算に与える影響は大きくなる。このような領域にも費用対効果評価を考えた上で、適正配分の議論がなされることが望ましい。

日本での費用対効果評価の導入を巡っては、２０１２年から中央社会保険医療協議会（中医協）に費用対効果評価専門部会が設置され、導入の是非そのものや導入の形態について議論が続けられてきた。２０１６年４月の試行的導入・２０１９年４月の本格導入に至る流れの中で、国のみならず世の中全体を巻き込んだ議論の空気を大きく変えたのは、２０１６年４月４日の財政制度等審議会財政制度分科会における國頭英夫氏の報告であった。高額な抗がん剤の問題、具体的にはオプジーボの適応が肺がんに拡がることで、財政影響が1.7兆円を超えうることを指摘した報告として知られている。同時にこの報告では、国の財政への影響を考えると、実は抗がん剤より重要な問題は生活習慣病などの外来診療だとの指摘があり、その包括化が提案されている。

包括化とは、検査や投薬等に対して診療の出来高に応じて医療機関への支払いを行うのではなく、検査や投薬の内容とは関係なく診断に応じて報酬を定めるやり方だ。実は包括支払は、かつて一部導入されたこともあったが、効果は疑問視された。単に支払いを包括化するだけで問題が解決するわけではないからだ。費用対効果に基づいた適切な価格水準で包括化することが前提であり、世界的な潮流でもある。日本でも将来、医療技術評価の対象とすべき重要課題だ。

3－5　諸外国のＨＴＡ政策——先進する韓国とタイの事例

政策決定における狭義のＨＴＡの使われ方には、公的医療制度での給付の可否の判断と、公定価格の調整との二通りに大別される。英国・オーストラリア・スウェーデンは前者の公的医療制度での給付の可否判断に使用している代表的な国であり、一方フランスは給付価格の調整に用いている。ただし、給付の可否判断に使う国でも、「この値段まで引き下げれば給付を認める」のように、ある程度価格調整の機能を併せ持つことも多い。東アジアでＨＴＡを積極的に取り入れている国としては韓国とタイがあり、日本は２０１６年４月からの試行的導入を経て、２０１９年４月から本格導入された。本節では、アジアでの先行事例たる韓国とタイについて、ＨＴＡの活用状況を概説しよう。

韓国の事例

韓国では、２００６年から新薬の給付の可否を判断する際に、費用対効果のデータを求めている。導入に至った主要因は、総医療費に対する薬剤費割合の膨張がある。日本と同様にほぼすべての医薬品を給付していた時代には、薬剤費の占める割合が25％を超えていた。薬剤費膨張にある程度の抑制をかける目的で、一部の薬のみを保険で給付するポジティブ・リストシステムが導入されている。基本的には、新薬が既存薬よりも高い値段での給付を希望する場合にのみ、費用対効果のデータが求められる。そのため、２００７年～２０１１年の２１９件の申請のうち、費用対効果のデータが添付されたのは26件に限定される（Bae et al. 2016）。

韓国の著名なＨＴＡ機関としてはＨＩＲＡ（Health Insurance Review and Assessment Service）とＮＥＣＡ（National Evidence-based Healthcare Collaborating Agency）の二機関がある。ＨＩＲＡは、医薬品の費用対効果評価に関するレビューと、給付の可否の判断を行う。なおＨＩＲＡの本来の機能は、審査・支払機関（日本における支払基金・国保連合会に相当）である。一方、ＮＥＣＡは個々の医療機器や手技の有効性・安全性のレビューに加えて、費用対効果評価の実施を担当する。ＨＩＲＡによって給付が認められた後は、保険者であるＮＨＩＣ（National Health

Information Center）と価格交渉をした上で、実際の給付が開始される。費用対効果について明確な基準値は存在しないが、２０１６年までの91件の評価結果からの推計によれば、給付が拒否される確率が50％に達するポイントは重篤な疾患で４２３０万ウォン（約４２３万円）／ＱＡＬＹ、それ以外で１９７０万ウォン（約１９７万円）／ＱＡＬＹである（Bae et al. 2018）。なお、費用対効果が悪くそのままでは給付できない薬剤への救済措置たるリスク共有スキーム（risk sharing scheme）あるいは患者アクセススキーム（patient access scheme）があり、非公開での値引きや、一定期間経過後は企業が薬剤費を負担する手法が導入されている。希少疾患などの薬は費用対効果データの添付を免除する（exemption）システムも整備されている（Bae 2019）。

タイの事例

タイの公的保険制度は、日本と同様に職域に応じて制度が異なり、公務員（ＣＳＭＢＳ）、民間企業の被用者（ＳＨＩ）、それ以外の人（ＵＣＳ）を対象とする三種の保険に分かれる。三種の制度間で予算設計や給付条件などに若干の差異はみられるが、原則として必須医薬品リスト（National List of Essential Medicine：ＮＬＥＭ）に収載されている医薬品は、どの保険でも給付の対象となる。そして、ＮＬＥＭへの収載の可否を判断する際に、費用対効果のデータが用いられている。他国と大きく異なるのは、収載を希望する企業ではなくＨＴＡ機関であるＨＩＴＡＰ（Health Intervention and Technology Assessment Program）自身が、費用効果分析を実施する点である。

第3節で述べたように、費用対効果の基準値を明確に定めている国は数少ない。タイのＨＩＴＡＰはその数少ない例のひとつで、設立当初は1人当たりの国民所得（12万バーツ、ＵＳＤ３５５４）を基準値と定めていた。経済成長に伴って基準値が大きく変動することなどから、現在では1ＱＡＬＹ当たり16万バーツ（ＵＳＤ４７３８）を一応の基準値と設定している（Tanvejsilp et al. 2019）。また、第6章でも述べる通り、費用対効果のみならず財政影響も明示的に考慮して、収載の可否を決める。もっとも、この基準を大きく超える薬剤でも、価格交渉その他を経て必須医薬品リストへの収載を認められることがある。例えば、関節リウマチ治療薬のリツキシマブは、分析結果では1ＱＡＬＹ当たりの増分費用がＵＳＤ3万３０００に達したが、価格交渉によって収載が認められた。タイでの給付状況がある程度周辺の国々へ影響する事実も一助となり、企業が大幅な値引きを提案するケースもある。

3－6　おわりに

本来の「国民皆保険（ＵＨＣ）」の定義は、「すべての国民が公的医療保険制度に加入できること（実質的には、加入を義務付けること）」であり、「その制度ですべての医薬品を賄うこと」までは要求されていない。それゆえ皆保険制度をとる諸外国でも、保険給付される医薬品は承認された医薬品の「一部分」にすぎず、新たに承認された医薬品に何らかの基準を当てはめて給付の可否を決めることは、ある意味当然ともいえる。

国民が必要なときに必要な医療や保健サービスを費用の心配なく受けられるUHCの、アフリカやアジアなどの中低所得国での実現に向けた支援を日本政府が提案している。日本は経済発展の初期の段階で皆保険制度を実現するなど、医療保障制度には優れた点も多い。しかし、日本の公的医療保険制度の最大の問題点のひとつは、財政的な危機にあるにもかかわらず、基本的にすべての医薬品を漫然と一律にカバーしている点だ。UHCを達成している国は高所得国をはじめ多くあるが、日本のようなUHCは例外的だ。急激な高齢化や医療技術の進歩などで医療制度への財政負担が増えつつあるアジア諸国の関心は、漫然としたUHCの導入でなく、どのように給付や保険適用を絞るのかである。それを助けるキーワード、そしてツールが、費用対効果とHTAなのである。

混同されがちなポイントだが、狭義の定義をとったとしても、HTA＝費用対効果評価（ICERの算出）ではなく、HTA＝「費用対効果評価をもとにした政策決定」である。すなわち、費用対効果を算出した後のプロセス、いわゆるアプレイザル（総合的評価）は、どのような局面においても不可欠である。したがって、われわれは「費用対効果によって独裁的に予算配分を決めるべきである」と主張しているわけではない。費用対効果評価によって算出されるICERは、資源配分の効率性の尺度にはなりうるが、この数字のみに依拠した政策決定は非現実的であり、実際ICERのみで政策決定を行っている国は存在しない。現実の予算配分は費用対効果だけでなく、健康の平等性や疾病負担、また、ときには医薬品産業の発展なども重要視される。つまりICERを算出した上で、財政影響や倫理的・社会的側面など、費用対効果以外の要素を考慮するアプレイザルの過程が、現実の政策応用の際には不可欠である。予算配分は、このようにして総合的に決定される。費用対効果は、予算配分の効率性についてわれわれに情報を与えてくれるのみである。

費用対効果のエビデンスに基づき、給付の意思決定に役立てるという政策の仕組みは、まさにevidence-based policy making（ＥＢＰＭ）の例であり、世界的な医療政策の主流になりつつある。特段、医療においてはエビデンスに基づいた制度運営の重要性が高く、エビデンスをどう作るか、どう評価して使うか、について盛んに議論が行われている。本書の第5章では、その議論について詳しく紹介する。また本章では、費用対効果評価によって資源配分の効率性を高めることにつながることを紹介した。しかし政府が政策決定をする際には、分配の公正や公平性も重要な判断要素となり、背景にある各国の経済事情や国民の価値観も反映される。こうした倫理面の諸問題については、第6章で取り扱う。

4

医療経済学と健康行動

行動変容、どうやって起こす？

4-1　はじめに

医療経済学という学問名は実は誤解を招く表現で、実際には、医療行為に限らず、健康に関わる経済学研究は、医療経済学の一部といってよい。医療経済学は、英語ではHealth Economics（健康経済学）である。日本では医療経済学という名前が定着しているため、初学者は医療経済学が扱う分野について誤解、ときには矮小化してしまう可能性がある。経済学の対象が、経済活動のみならず教育や環境政策にまで及ぶように、医療経済学の対象も、医療行為のみならず、健康や生活習慣、その関連政策にまで及ぶ。医療経済学が扱う対象については、Wagstaff and Culyer（2012）のまとめが有用である。Health Economicsにおける重要トピックのひとつとして、「健康への需要」の分析がある。これは医療機関の受診行動なども含むが、今回はもっと身近な健康行動について中心に考えよう。具体的には、タバコ、酒、糖質・脂質摂取、運動など、生活習慣に関わる行動の分析である。

第2章では、医療において情報の果たす役割を考えた。医療者と患者双方が正しい情報へアクセスし、これを理解することは、今後の医療制度運営において非常に重要である。これは健康行動においても同じことがいえる。飲酒や喫煙、食べすぎの健康リスクを正しく理解することは重要だ。ただし、ここではもう少し複雑な事情がある。多くの人が日常生活において経験しているように、たとえ正しい情報を持っていたとしても、意思の弱さ、思考のバイアスなどによって必ずしも望ましい行動につながらないのである。生活習慣病が蔓延している重要な理由のひとつといえよう。

生活習慣病は、その名の通り生活習慣を原因とする病気である。肥満、心血管疾患、糖尿病などが挙げられる。遺伝的な原因で罹る場合もあるが、環境や行動を原因とする部分が大きく、世界的に甚大な疾病負担となっている。ＷＨＯ（World Health Organization：世界保健機関）によれば、世界中で毎年約４億人が生活習慣病を原因として死亡しており、これは全世界の死因の70％に及ぶ。日本も例外ではなく、高騰する国民医療費を背景に、その対策が講じられてはいるものの、現実は厳しい。生活習慣病をどう定義するかにもよるが、生活習慣病に関連する医療費は、医療費全体において最低でも10％以上の割合を占める。悪性新生物なども加えると、その割合は30％を超える（厚生労働省　２０１４；健康保険組合連合会　２０１６）。

生活習慣病対策の中心は、健康行動の改善による予防である。これは単純だが難しい、しかし成功すれば実りの大きい分野でもある。効果的な予防政策により国民全体の生活習慣を改善することで、避けることのできる疾病を防ぐ。これにより、労働生産性の改善や医療費の再配分を通して「限られた医療資源の有効活用」につながるかもしれない。医療経済学には、健康行動を経済学的に分析してきた長い伝統がある。特に近年では、行動経済学のアプローチを取り入れた研究が盛んである。また、健康行動の分析は、経済学以外の学問分野、例えば公衆衛生学、心理学や社会学などの知見も生かされる学際分野である。本章では、健康行動の改善、つまり行動変容について、その分析、そして政策への応用について考えよう。

4－2　健康行動モデルとその発展形

新古典派経済学に基づく健康行動へのアプローチでは、健康を人的資本に似たもの、すなわち健康資本とみなす方法が代表的である（Grossman 1972）。人的資本が教育によって変化するように、健康資本も食事や運動、喫煙、医療機関の受診などといった生活習慣によって変化する。身近な例として、ダイエットについて考えよう。体重は健康状態を表すひとつの指標である。ダイエット中の個人は、体重を減らすため、カロリー制限や運動を行うだろう。予算制約の下、食料品の費用やスポーツジムの年会費、さらに肥満の効用への影響を考慮した上で最終的な行動が決められる。こうした個人の意思決定は、環境や政策といった外生要因に影響を受ける。例えば、高カロリー食品への課税（sin tax としての砂糖税）は、その食品の消費量を下げ、減量に結びつくかもしれない。また、スポーツジム年会費への補助金は、運動の機会を増やし、その結果減量につながるだろう。

この健康資本アプローチには多くの発展形がある。はじめにシカゴ大学のゲーリー・ベッカーとケヴィン・マーフィーによる研究を嚆矢とする「合理的中毒モデル（rational addiction model）」（Becker and Murphy 1988）とその応用を考えよう。先ほどのダイエットの例では、スポーツジムに通って運動をすれば体重が減る、という関係を考えた。ここで追加的に、運動すればするほど体重が減り、そして体重が減れば減るほど運動が楽しくなるという関係を導入する。そうすると、スポーツジム年会費への補助金は、上で述べた相乗効果からより大きなダイエット効果をもたらすことになるだろう。もしかしたら、体重が減るにつれ、運動が楽しくなりすぎて「運動マニア」になってしまう人が出るかもしれない。これを経済学理論の言葉で説明すると、運動水準が鞍点均衡から外れ、際限なく運動をやりすぎてしまう場合がある、というのが合理的中毒モデルから得られる含意である。さらに、アルコール過剰摂取や薬物使用などの文脈では、ダイエットの例と同様に、際限なく消費を行ってしまう状況が説明できる。

健康行動においては、時間選好も重要なファクターである。近い将来を考える際の時間割引率が、遠い将来を考える際の時間割引率よりも高い場合（双曲割引）を考える（Gruber and Köszegi 2001; O'Donoghue and Rabin 1999）。細かい導出は避けるが、このような時間選好の下で、動学的不整合な行動が導出される。ダイエットの例では、たとえ長期的な視点では、体重を落とすこと、そのために運動量を増やすことが望ましいとわかっていたとしても、短期的には運動の不効用を避けること（つまり運動しないこと）が最適となり、長期の目標と短期の意思決定が矛盾してしまう。これにより、「わかっちゃいるけど、やめられない」という現象が経済モデルによって説明できる。

健康資本モデルの別の発展としては、「他者から影響を受ける選好（other regarding preference）」の導入がある。自身の周囲の人の行動や健康状態は、本人の意思決定にも影響を与えると思われる。例えば、周囲の肥満率が高ければ、本人もそれに影響を受け、食生活が乱れたものになり、運動もやめてしまうかもしれない。このようにして、肥満率の高い地域・コミュニティで肥満が再生産される。「肥満は伝染する」というショッキングな言葉に対する、経済学的あるいは社会学的な説明のひとつといえよう（Christakis and Fowler 2007）。

4-3　行動経済学によって何が変わったか

公衆衛生学や心理学、社会学など、経済学以外にも健康行動を分析する学問分野は多いが、これらの分野に共通した重要なテーマは「行動変容（behaviour change）」といえる。つまり、どうすれば人々の健康行動に影響を与えることができるのか、ということだ。しかし、従来の経済モデルでは意思決定に合理性が仮定されているため、不健康は合理的選択の結果であり、なぜ政府がそれに介入する必要があるのか？という疑問または批判が常にあった。ただし、例えばタバコの文脈においては、受動喫煙の健康被害の問題のような外部性をもって市場の失敗を主張し、政府の介入を正当化する議論は従来から存在した。このケースでは、タバコ関連疾患の医療費も含めた受動喫煙に伴う社会コストはタバコの値段に反映されていないため、公共スペースにおける喫煙禁止などの規制が正当化される余地がある。

健康行動は合理的？

現実には、人々の健康行動はそれほど合理的とはいえない。健康リスクについての不理解、意思の弱さ、短絡的な思考など、長期的に望ましい健康行動を困難にする要因は数多くある。行動経済学の隆盛は、医療経済学にとっても転換期だった。特に健康行動の文脈において限定合理性を認めることは、多くの研究者によって受け入れられた。行動経済学のアプローチによって、合理性の仮定を弱めることが普及した結果、合理性を仮定しているがゆえに生じる介入の妥当性に関する問題は軽減され、健康行動への介入政策がより活発に議論されるようになった。

他分野との融和

限定合理性を導入した経済モデルの例として、自制（self-control）に関する経済分析がある（Carver and Scheier 1982; Diamond 2013）。例えば、あるモデルでは、行動科学や神経科学の知見をもとに、一個人の中に2つの思考システム（理性的、短絡的）を仮定した（Bernheim and Rangel 2004; Fudenberg and Levine 2006）。実際に、人間は理性的に物事を考える一方で、日常の行動はその場の刺激（例：コンビニのレジの後ろの棚のタバコが目に入る）に強い影響を受ける短絡的な面を持っていることがわかっている。ここでは、理性的な思考システムは長期的効用を最大化したいが、短期の効用のみを考える短絡的な思考システムが実際の行動を決める状況を考える。このとき、理性的な思考システムは、短絡的な思考システムが起こす行動を事前に制御するための手段としてタバコ税を許容し、短絡的な思考システム稼働時にタバコを購入しづらくする。これによりタバコ消費量を抑え、長期的な効用最大化の目標に近づくことができる。こうした分析は、必ずしもそれ自体が新規の発見を伴うものではないものの、他分野における従来の知見に対応する経済学的解釈として重要であり、また、健康行動の分析における経済学と他分野との垣根を低くする貢献でもあった。

以上まとめると、行動経済学は、健康リスクファクター（タバコ、アルコール、糖質、脂質など）に対する政府介入が潜在的に持っている社会厚生への悪影響についての議論を深めた。すなわち、限定合理性を原因とした「市場の失敗」への対応策として、政府による介入が正当化される可能性が広く認識された。例えば、課税によって死荷重が発生するが、同時に限定合理性を原因とした資源配分の歪みが是正され、結果として効率性が高まり厚生改善する余地が大きければ、介入が正当化される場合がある。同時に、心理学、社会学といった他分野からの知見の輸入により、それら分野との垣根が低くなり、研究分野としての学際性を高めた面も注目に値する。

さらに、行動経済学の隆盛により、心理学的、社会学的なアプローチが政策に直接貢献する可能性を大きく広げた点も無視できない。従来、行動科学における知見が国家レベルの政策に適用される機会は少なかった。経済政策などを決定する場に行動科学の専門家が呼ばれることがほとんどなかったからだ。しかし、彼らの知見が経済学と合わさることによって、健康政策はもちろん、租税政策やその他の多くの政策に生かされる余地が大きくなった。その成果は、例えば最近の世界銀行開発報告「こころ、社会、行動（Mind, Society, and Behavior）」（World Bank 2015）をはじめとして、多くの政府関係文書において大きく扱われている。

4-4　健康行動変容のための政策介入

健康行動変容のための政策介入方法は多くあるが、ここでは近年世界的にも大きな注目を集めている2つの対照的なアプローチについて議論する。1つ目は金銭インセンティブ、例えば課税を用いた介入方法だ。経済学においては一般的であるものの、近年分野の垣根を越えて重要になってきている。2つ目は、課税や規制を伴わない、行動科学の知見を直接使った介入方法で、選択アーキテクチャ介入（choice architecture intervention）、もしくはナッジ（nudge：軽く押すこと）と呼ばれる介入である（Thaler and Sunstein 2008）。

金銭インセンティブを使った健康行動変容

経済学者にとっては、課税などによる金銭インセンティブの付与が消費者行動に与える影響の分析は古典的で重要なトピックである。行動経済学の隆盛に伴い、公衆衛生学、心理学や栄養学といった他分野でも、食品選択や運動習慣などについて、金銭インセンティブの影響を調べる研究が多くなってきている（Roberto and Kawachi 2015）。「目標体重を達成したら○○円」というような個人向けの条件付き現金給付を使った介入の効果測定からはじまり、課税や補助金といった公共政策の健康行動への政策効果分析まである。

金銭インセンティブが学際的注目を集める理由

金銭インセンティブを使った政策研究の隆盛には、それ以外にも理由がある。これまで公衆衛生学などにおける従来型の介入手法は、教育や情報伝達を使った啓発介入であった。つまり、啓発活動を行うことで、不健康な行動（喫煙、過剰な飲食など）が将来の健康に与える影響を周知し、これにより自らの行動を見直し、改めさせる、という介入である。しかしながら、これらの介入方法は実際には効果がかなり限られる、という現実があった。そこで、より強烈な介入方法として、価格統制や法規制（例えば、公共スペースにおける喫煙禁止）に注目が集まっている。

こうした介入方法に対して国際機関や政府からの需要も大きくなってきており、例えば２０１６年にはＷＨＯにより、肥満予防を目的とした砂糖税の導入が各国に呼びかけられた（WHO 2016）。実際に多くの国で人工的に加糖されたソフトドリンクに対する課税政策が始まっている（Colchero et al. 2016）。フランス、英国、デンマーク、米国（一部の都市）、メキシコ、チリなどの比較的所得の高い国々に加えて、フィリピンや多くのアフリカ諸国といった低中所得国での導入が目覚ましい。日本においても、厚生労働省の報告書『保健医療２０３５』（厚生労働省 ２０１６）において、同様の課税政策が提言された。英国では２０１８年４月からソフトドリンクを対象とした砂糖税が導入されたが、その税収は小児肥満を予防する政策の財源として使われることになっている。重要なことは、これらの課税が、財源を目的とした財務省主導による政策であるというよりは、保健衛生上の行動変容を主な目的にして議論が進められているということだ。

研究の手法について

研究手法についても触れておきたい。医療経済学者にとって、これまで主要な研究手法は調査データの二次利用による分析であった。観察データを使った因果効果の推定は、経済学においておそらく最も進んでおり、また他分野の研究者が積極的に研究に取り入れはじめている（Craig et al. 2012）。一方で、介入研究、特にランダム化比較試験（randomized contolled trial：ＲＣＴ）を用いた研究手法については他分野において長い伝統があるが、近年になり経済学においても実験アプローチが流行しており、実証研究の方法論が似通ってきているのは興味深い。ここでは、他分野における研究についても取り上げることにする。

（1）観察データを用いた研究

金銭インセンティブを伴う介入に関する研究で、経済学分野で最も多い研究デザインは、観察データを使って需要システムモデル（Deaton and Muellbauer 1980）を構築し、価格弾力性を求めた上で課税の効果をシミュレートするものである。多くの研究では価格は外生変数と仮定しているが、中には、税率等が地域ごとに異なることに着目し、価格変化の因果効果を推定している研究もある。多くの場合、食料品に対する課税政策（アルコール税、砂糖税など）の分析において用いられる。

この研究デザインが優れているのは、観察データを用いて幅広い品目について交差価格弾力性を調べることができる点にある。すなわち、アルコール製品への課税は、アルコール依存症患者数を減らすかもしれないが、それがソフトドリンクの消費量を増やすことで、肥満を増やす可能性がある。こうした可能性について詳しく議論することができる。

（2）介入実験

フィールド実験の手法を用いた研究も盛んだ。観察データの分析では、例えば特定の製品の価格の地域的なばらつきを使って弾力性を測るアプローチが主流であるが、これには批判もある。自然発生的な価格の地域差を使って大がかりな課税の効果（例えば、加糖されたソフトドリンクへの20%の課税）を推測できるのか、という疑問であったり、価格にも内生性があり、単純な相関関係からは課税の因果効果は測定できない、という方法論上の批判である。実験手法を採ることにより、研究者が実験的に価格をコントロールすることでこうした批判を克服することができる。例えば、米国やニュージーランドにおいて、スポーツジムの会員費への補助金や、スーパーマーケットにおける野菜や果物の値引き介入効果が分析されており、近年では、特に医学や栄養学系の学術誌においても大規模な行動介入実験の成果が発表されている（Charness and Gneezy 2009; Ni Mhurchu et al. 2010）。

各国政府は、ここまでに挙げたような研究結果を参考にしながら、課税政策の実施に踏み切る場合がある。その際に、施行された政策の効果を定量評価する研究も多い。例えば、タバコ税、酒税、砂糖税などを実施する際、政府と研究者が協力してその効果を測定し、将来の政策策定に役立てようとする試みが活発に行われている（Colchero et al. 2016; Silver et al. 2017）。

課税・補助金以外の介入方法

課税や補助金とは異なり、必ずしも直接的な値上げ・値下げを伴わない規制が実施されることもある。最も極端なケースは、市場における販売等を禁止してしまうことである。歴史的に「禁酒法」は有名であるし、麻薬などの薬物は現在でもほとんどの国で規制されている。より最近の例では、電子タバコ・加熱式タバコは多くの国で規制（公共施設での使用不可や輸入禁止等）されている。このような規制政策に本当に効果があるかどうかは未知数なところがある。そもそも市場における選択の自由を大きく制限することが正当化できるかどうかには慎重な議論が必要であるし、仮に規制を行ったとしてもブラックマーケット化等、政府の管理が行き届かないところで状況が悪化してしまう可能性もある（現実の政策実施上の注意点については後述する）。そうした中で、実際に実施されていたり議論されている政策としては、例えば、アルコール製品の最低価格を設定する政策（minimum unit pricing）がある。すなわち、アルコールの最低価格を高くすることで、安易に入手できないようにする政策である。英国においては２０１０年代に入ってから、アルコール依存症対策の一環として検討されたが、アルコール依存症とは無縁の一般消費者への影響を主たる理由として、イングランドとウェールズにおいては実施されなかった。その一方で、アルコール依存症の対策がより重大な問題となっているスコットランドにおいては、アルコール類の数量割引の禁止と併用して、最低価格統制の実施を視野に入れた議論が進んでいる。日本においても２０１７年６月からアルコール製品の安売り規制が導入されたが、これも事実上の最低価格政策のひとつとみなすことができる。アルコール類の仕入れ原価と販売費用の合計額を下回る価格付けを禁止する規制だ。もともとは価格競争で不利になりがちな小規模販売店を守るという名目の規制であったが、これを保健政策としてみたとき、健康への効果を考えることも重要である。この政策はアルコール中毒患者数を減らすのであろうか。今後のインパクト評価によって明らかになるであろう。

健康と所得の平等性への配慮

課税や規制を用いた保健政策を考える上では、平等性への議論が不可欠である。特に平等性を志向する傾向の強いヨーロッパの国々においては、保健政策においても平等性への視点が非常に重要になる傾向がある。ここでは健康の社会的不平等と、所得の不平等の両方を考慮すべきである。特にタバコ、アルコールや糖質に対する課税政策には逆進性があり、低所得層に対して不利である。所得と健康行動の間には正の相関関係があるため、低所得層において健康行動改善の余地が大きい。だからといって、課税の効果が低所得層により大きく現れるとは限らない。よって、政策が健康格差の是正につながらないかもしれない。

日本ではどうだろうか。喫煙について、タバコ価格の値上げがタバコ販売数量に影響することは過去の研究で示されており、価格弾力性は２０００年以降マイナス0.3（１％の価格上昇により、需要量が0.3％減る）付近の数字を維持している（伊藤・中村 2013）。あわせて、中高年者の生活習慣を継続的に調査している「中高年者縦断調査」を用いた分析では、調査方法の変更時期とタバコ税の増税の時期が一致しているなどの限界はあるものの、タバコの値上げはすべての階層において禁煙と再喫煙の抑制に有意に影響していた（Tabuchi, Fujiwara and Shinozaki 2017）。層別解析の結果からは、低所得者層や健康状態が悪い階層で再喫煙の抑制効果が最も大きいことがわかった。税負担のみをみれば、総収入に占めるタバコ代の割合が相対的に大きい低所得者層に不利となるが、行動変容（禁煙）を通して公衆衛生の向上を達成できる点においては、むしろ低所得者層の喫煙率低下を通して、健康格差を縮小する方向に働く。

長期の効果

金銭インセンティブによる介入の効果は、果たして長期にわたって持続するだろうか。過去の研究では、金銭インセンティブの長期的な効果は限定的という見方が主流であった（Roberto and Kawachi 2015）。すなわち、政策実施直後は消費者行動は大きな影響を受ける。これには価格変化の効果だけでなく、政策実施が周知されることによって啓発される効果も含まれるかもしれない。しかし、介入が実施されて長い時間が経つと効果が小さくなるケースが多いようである。政策効果を持続させるためには、おそらく金銭インセンティブに加えて別の工夫が必要になるであろう。近年では、次項で解説するように、行動科学に基づいたナッジと呼ばれる介入方法について研究が盛んであるが、これらの研究がヒントになる可能性がある。

ナッジ――選択アーキテクチャを使った介入

ここまで紹介した啓発活動や課税・規制といった介入方法は、対象の個人に対して自らの行動を顧みさせる、もしくは、ある行動を禁止して選択肢から除外させるものであった。いずれにしても、個人が自らの行動について能動的に考えていることを前提とした介入である。それとは異なるアプローチとして、そもそも人々の日常的な行動の多くは深い思考には基づかず、ほとんど自動的もしくは習慣的に起こっているのだから、それを前提として、行動を消費者にとって無意識のうちに望ましい方向に誘導しよう、というものがある（Marteau, Hollands and Fletcher 2012）。その場合、必ずしも金銭インセンティブやルール作りは必要ではなく、選択が生じる生活環境に少しの工夫をすることで達成できる場合がある。ナッジとか、選択アーキテクチャ介入と呼ばれる介入方法である。

有名な例としては、臓器提供の意思表示における標準オプションの設定である。人々が、事前に設定された標準オプションをそのまま受け入れる傾向にあることを利用した介入である。臓器提供について opt-in 式（臓器提供しないことが標準オプションで、提供したい場合はカードにその旨を記入）を opt-out 式（opt-in の逆）にすることで、少なくとも形式上は、臓器提供者のプールが増加するということがある（Johnson and Goldstein 2003）。読者は自動車運転免許証の裏面を参照されたい。日本の場合は opt-in 式である。その他の有名な研究の例として、レストランにおいて、健康的な選択肢をメニューの前面部に記載し、不健康なメニューは後ろに記載する（つまり不健康な選択肢を排除・禁止しているわけではない）というものがある（Wisdom, Downs and Loewenstein 2010）。

ナッジとは何か

ナッジとは何だろうか。ナッジの（より正式な）言い換えは「選択アーキテクチャ介入」である。まず、選択アーキテクチャとは、選択肢が生じる（比較的小規模な）環境を指す。健康行動における選択アーキテクチャの例は、レストランにおけるメニュー、スーパーマーケットにおける商品棚、エレベーターと階段のあるホール、などが挙げられる。ではそれを利用した介入とはいったい何か。意外なことに、実例の紹介や分析は多くあれど、これらを概念化し、定義を示したものはほとんどない。Thaler and Sunstein（2008）によれば、ナッジとは「いずれかの選択肢を禁止したり、大きく経済インセンティブを変えることなく、行動を予測可能な方向に変えるための選択肢提示の方法」となるが、これは漠然としていて運用上はそこまで有用ではない。

実際、ナッジの定義は難しいし、定義をすることにどれほどの価値があるのかはそこまで明確ではないが、先に述べたように現実の政策設計・運用を考えるに当たっては、ある程度必要な作業である。定義を行うことが有用であるもうひとつの理由として、文献レビューを行うことができるよ

康行動介入におけるナッジの分類

説明	介入の例
周辺環境の審美性や雰囲気を変える	レストランにてBGMの音量やテンポを下げ、ワインの消費量を抑える
環境の設計、設備、機能を変える	スタンディングデスクを導入し、代謝を高める
製品にラベルを付ける、情報を付与する	信号機型の食品成分ラベルを付与し、高カロリーへの警告をする
製品の質感や視覚デザインを変える	食品パッケージの写真の盛り付けの量を減らし、減量を促す
製品のサイズや量を変える	ワイングラスのサイズを小さくし、アルコール摂取量を抑える
選択肢を新たに付与する	自動販売機にてカロリーオフの製品を増やし、より選択しやすくする
ある選択肢を選ぶ労力を減らす（増やす）	レストランにて低カロリー商品をメニューの前面に提示する
無意識に働きかけるような刺激を環境に設置する	レストランにて店舗に健康的な装飾を施すことで、健康的なメニュー選択を促す
ある行動を思い起こさせる情報を与える	施設の床に階段へと続く足跡のプリントを施し、エレベーターでなく階段の使用を促す

をもとに作成。

うになる、ということがある。関連研究の文献レビューをするに当たって、自分が何を調べたいのかがわからなければ、文献の検索もできないからだ。筆者の１人も参加した大規模レビュー研究の目的のひとつは、健康行動分野においてナッジとみなせる研究をまとめ上げること、それに加えて、学際的なチームによりこうした介入を概念化し、整理することであった（Hollands et al. 2013）。この研究によれば、ナッジとは、「健康行動変容を目的として、行動が起きる環境内において選択肢となる対象の性質や位置を変える介入である。さらに、そうした介入は特定の個人を標的にしたものではなく、多くの人々の行動に同時に影響を与えうるが、通常、行動者にその介入について意識させる必要はない」となる（表４

表4－1　健

大分類	小分類
対象の性質を変える	雰囲気
	機能設計
	ラベル
	提示方法
	サイズ
対象の位置を変える	入手可能性
	近接化
対象の性質と位置を変える	プライミング
	促し

出所）Hollands et al. (2013) Figure1

－1）。先の臓器提供の例では、選択肢を与える文言の性質（提示方法）を変えた。また、レストランにおけるメニューの介入では、健康的な選択肢の位置を変更した。さらに、第2章で紹介した、食料品の成分表示ラベルを信号機方式に変える介入の例では、詳細な栄養情報を、青赤黄の単純でカラフルな表示に変え（性質の変更）、食品選択における行動変容を引き起こしやすくした。

マーケティング研究の知見を応用できる？

ナッジの概念自体はおそらく2000年代に生まれたものであるが、これに当てはまる介入研究はかなり昔から多くある。特に、マーケティングに関わる分野で応用例が多い。それらの多くは売り上げを伸ばすための介入方法として提示されているが、健康行動を改善する目的での応用が考えられる例が多い。例えば、レストランにおいてテンポの速い音楽から遅いものに変えることで、アルコール摂取量を少なくすることができる（音楽の性質を変える）。客が無意識のうちにBGMのペースに飲食のペースを合わせるからだ。また、提供するワイングラスのサイズを通常よりも小さくする（当然その分ワインの量と値段も下げる）ことで、最終的なワイン摂取量が減ることも知られている（グラスの性質を変える）。また、スーパーマーケットでは、買い物客の移動パターンは店内のレイアウトを調節することによってある程度コントロールできるし、顧客の目線に合わせて売りたい商品の陳列位置を変えたり、強調することができる。よって、スーパーマーケットにおいて、人々を健康的な食品選択に誘導するために陳列を工夫するような応用が可能である（商品の位置を変える）。

ナッジが注目される理由

このような介入方法については、健康行動だけでなく多くの分野において政策的な注目を得ている。米国や英国をはじめとする国々では、議会によるレポート（例えば英国の House of Lords Science and Technology Select Committee 2011; Dolan et al. 2010）を作成し、政府内に通称「ナッジ・ユニット」と呼ばれる政策ユニットを作るなど、ナッジを使った政策設計に関する研究、政策提言等を行っている。例えば、英国には Behavioural Insights Team（http://www.behaviouralinsights.co.uk/）、米国には The Social and Behavioral Sciences Team（https://sbst.gov/）があり、現実の政策としての応用が模索されている。ナッジの概念をまとめた MINDSPACE 法の提唱（Dolan et al. 2010）、また数々の実験研究成果など、これまで活発に活動してきている。日本においても、２０１７年４月に環境省がCO_2排出量削減に向けた日本版ナッジ・ユニットを発足させた。健康・医療分野への拡がりにも期待したい。

現在では当初ほどの勢いが持続しているわけではないが、ナッジが依然として多くの注目を受けるのには理由がある。ナッジの特徴のひとつとして、税や規制と比べて、実施コストが小さいことが挙げられる。課税や規制の導入は議論を巻き起こす可能性が高いし、費用、プロセスともに甚大なコストがかかる。その一方で、ナッジを使った政策の策定ではそれらを大幅に省略できる可能性がある。先述の臓器提供の例では、実施に際して法改正などは必要なく、該当する書類の文言を変更するだけでよかった。すなわち、仮にこのような介入によって行動変容を引き起こせるのであれば、政策として「費用対効果」に優れる可能性が高い。

加えて、合理的な消費者の選択を歪める余地が少ないことが挙げられる。消費者の中には合理的な者も、そこまで合理的でない者もいる。課税や法規制は、個々の消費者タイプ別に設計することができないため、合理性の高い低いにかかわらず、すべての消費者の行動に影響を与えてしまう。本来、正しい情報を持ち、健康被害を納得した上で適度にアルコールを嗜む消費者の行動を歪める理由はないのである。ナッジでは、この弊害が小さくなるように介入方法を設計できる利点がある。

さらに、ナッジの特徴として、金銭インセンティブや情報提供などの既存介入の効果を促進させる目的で、これらの介入と合わせて導入することが容易である。例えば、アルコール増税によりアルコール依存症を下げる政策を考えたときに、単に価格を上げるだけでなく、増税分が目立つ形で価格を表示する方法を採ると、消費者の価格弾力性を高めることができる可能性がある（Chetty, Looney and Kroft 2009）。

どのような条件下で効果を発揮するか

定義からわかるように、ナッジは、課税政策や規制などと異なり、ひとつの介入の効果が発現する範囲は限定的なものになりがちである。したがって、こうした介入によって集団レベルの効果を期待できるかといえば、その可能性は小さそうである。長期的な効果については、実はほとんどわかっていない。ナッジが人々の無意識に働きかけることによる誘導によって、はじめは狙った効果が出るかもしれない。しかし消費者があるとき自身の消費行動について意識的に考えたとき、ナッジによる誘導がどこまで効果を持続できるのかはよくわからない。消費者の合理的な意識にうったえかけるのであれば、ナッジよりも金銭インセンティブのほうがより強力な効果を持つかもしれない。ナッジの効果の計測上の限界もある。通常、介入の効果を測るための実験の実施期間が短い（数カ月から１、２年）のが限界のひとつである。長期的な効果を測るには、継続的な介入効果の観察が必要である。将来的には、ナッジを使った政策が現実に行われたとき、その長期にわたる効果をインパクト評価の一環として測ることができるようになるであろう。

ナッジの効果が、対象者の所得や教育歴によってどの程度異なるかについては、現段階ではほとんどわかっていない。過去の多くの研究から、健康行動は社会経済特性によって大きく異なることがわかっている。例えば、喫煙率や肥満率は、低所得層においてより高い。ナッジは健康格差を是正する可能性があるだろうか。一般に、健康行動がグループごとに異なるのは、健康知識の量、また情報を理解して使う能力、自己管理能力などの違いが原因と考えられている（Cutler and Lleras-Muney 2010）。ナッジの効果は、（少なくとも原則的には）個人の理性や認知能力とは関係ないため、健康行動の改善余地が大きいグループにも効果が現れる可能性がある。つまり、社会における健康の不平等を小さくする可能性があるだろう。

政策介入の副次的効果についても観察することが重要である。例えば、レストランで健康的なメニューを前面に出すような介入では、期待された効果があるかもしれない一方で、同時に「もの足りなさ感」から必要以上のサイドオーダーを誘発し、全体的な摂取カロリーは変わらない可能性もある（Wisdom, Downs and Lowwenstein 2010）。

ナッジは、選択が生じる環境を操作する介入であるため、その効果は、その特定の環境と介入の文脈に依存する。よって、ある介入が有効であったというエビデンスがあったとして、その一般化の可能性については注意深い考察が必要である。現状のエビデンスはＷＥＩＲＤ（！）な母集団（Western, Educated, Industrialized, Rich, and Democratic）に偏っている[*1]（Vlaev et al. 2016）。こ

＊1　エビデンスが得られた実験の対象者が、「西洋の（Western）」「教養のある（educated）」「工業化された（industrialized）」「お金持ちの（rich）」「民主的な（democratic）」人々であることを皮肉って、それらの頭文字をとり、「奇妙な（weird）」人々である、と批判的に示している。

れは先述のように金銭インセンティブの政策効果についても文脈が大きな影響を持つのと同様である。わが国の文脈におけるエビデンスはまだまだ少ない。

ナッジと倫理

最後に、ナッジを含めて、個人の行動様式の偏りや習性を利用した政策介入を考えるに当たっては、政策策定者の発想も偏っている可能性があることに注意が必要である。政策策定者に偏りがないと考えるのは危険であるし、かつ、彼らの持つ偏りが、一般消費者のそれよりも小さいという保証はない。仮に政策策定者側の偏った発想によって介入が行われ、予想外の結果をもたらしたとき、それは「政府の失敗」であり、社会に対して悪影響となりうる。関連して、介入に際して倫理面も考慮されなければならない。いくら選択肢を制限しているわけではないといっても、人々を無意識のうちに特定の行動に誘導することは、必ずしも倫理的に正当化できない可能性がある。

終末期医療における延命かＱＯＬ（quality of life：生活の質）の重視かの選択のような複雑な問題において、（例えば医療費削減のために）患者を特定の選択へ誘導するようなナッジは正当化されない。どのようなナッジなら社会的に正当化できるのか、今後検討が必要であろう。少なくとも、ナッジを悪意のある目的で使わないこと、また、使うときはナッジの介入が起こっていることを対象に伝え、さらにその内容をできるだけ透明化するべきである（Sunstein 2015; Loewenstein et al. 2015）。

4-5　健康行動介入と医療資源配分

生活習慣病はいまや高所得国だけの問題ではなく、むしろ政策議論の中心は低中所得国における生活習慣病をどう予防するか、という問題にシフトしつつある。これは、低中所得国において従来死亡原因の大きな割合を占めていた、エイズやマラリアといった感染症の対策が進んだ結果、死亡原因における生活習慣病の重要性が相対的に高まったことを背景としている。また、必ずしも保健省が所管する事業でなくとも、経済成長と共に、例えば上下水道の整備によって綺麗な水の入手が容易になった結果、衛生状況が改善して乳児死亡率等が下がったことも要因として挙げられよう。実際に、低中所得国全体で65歳未満死亡者のうち、およそ71%の死因は生活習慣病由来であるというＷＨＯの報告がある（https://www.who.int/news-room/fact-sheets/detail/noncommunicable-diseases）。

生活習慣病対策に使える政策手段は、高所得国と低中所得国で基本的には変わらない。もちろん、大気汚染を原因とする疾患は中所得国を中心に被害が甚大であり、政策課題とそれへの対応の必要度には程度の違いはある。政策手段の中でも、健康リテラシーを高める政策や、タバコや砂糖に対する課税政策などは、低中所得国でも予防政策における中心的な役割を果たしている。高所得国と低中所得国との間での最大の違いは、予防政策等に使える予算の大きさや人員の整備状況だ。特に低所得国においては、母子保健、感染症等の予防やプライマリ・ヘルス・ケア等、医療供給体制の拡張に多くの予算がかかる中、同時進行で生活習慣病対策を行うことがより難しい。特に生活習慣病予防は、感染症などとは異なり進行や成果が目に見えにくいため、どうしてもその対策が後回しになってしまいがちである。しかしながらデータでは死亡原因として生活習慣病対策の重要性が強調されており、各国政府はその対応に追われている。

限られた医療予算を前提として医療資源配分の問題を考えるとき、その意思決定において重要な役割を果たすのは第３章で解説した費用対効果である。同じ予算からどれだけの健康効果が望めるか、シビアな計算に基づいて優先順位付けを行い意思決定を行うことが求められている。

例えば、本章の前半で紹介したタバコ税やソフトドリンク税といった金銭インセンティブを用いた政策は生活習慣病対策で近年最も重要とみなされている政策のひとつであるが、政策導入のためには当然ながら財政上のコスト、導入や評価に当たっての人件費等もろもろの費用が掛かり、医薬品・医療機器等の保険適用と同様に、その政策実行には予算配分の正当性や説明責任が強く求められる。例えば英国のＮＩＣＥ（National Institute for Health and Care Excellence）では、医薬品だけでなく保健政策介入に対しても費用対効果分析が行われ、その結果に基づき予算が充てられる仕組みになっている。

生活習慣病対策の「ベスト・バイ」

金銭インセンティブによる予防介入は費用対効果に優れるだろうか？　税を掛けるという政策は

表4－2　WHOによる生活習慣病対策のベスト・バイ政策

健康行動・疾病	政策
タバコ	増税 公共施設における禁煙 広告規制 健康被害の警告
アルコール	増税 販売規制 広告規制
食事と運動	減塩 トランス脂肪酸からより健康的な油脂への切替え メディアによる啓発
循環器疾患と糖尿病	心筋梗塞や脳卒中の恐れのある人へのカウンセリングと多剤併用療法 アスピリンによる心筋梗塞治療
悪性新生物	肝臓がん予防のためのB型肝炎ワクチン接種 子宮頸がん予防のための前がん病変の検査と治療

費用がかかるどころか税収がのぞめるために費用はむしろネガティブと考えられるかもしれない。ただし、第3章で説明したように、医療における費用効果分析では、新規の介入の評価に当たっては既存の介入を比較対象として費用と効果との比較を行う。比較対象となる介入はその国の特定の文脈ごとに異なるものの、多くの国ではタバコ税は費用対効果に優れるという分析結果が出ることが多い。一方でソフトドリンク課税（砂糖への課税）についてはまだ新しい政策ということもあり、費用効果分析はいまだほとんど存在しない。それでもWHOによって主に低中所得国における生活習慣病対策の「ベスト・バイ」として推奨されている（World Health Organization 2017）。

ここでいうベスト・バイとは、最も費用対

効果に優れる生活習慣病対策という意味であり、「最もお買い得な政策」といい換えてもよい。WHOのリストでは、予防政策に関して4つのリスクファクター（喫煙、アルコール、食、運動）と4つの疾病（循環器疾患、悪性新生物、慢性呼吸器疾患、糖尿病）に分け、それぞれについて最も費用対効果に優れるとされる政策を紹介している（表4－2）。

タバコ税をはじめ、これら政策の多くはすでに多くの国で導入されているものである。費用対効果の閾値はおよそ1DALY（disability-adjusted life year：障害調整生存年）当たり100国際米ドルに設定され、ほとんどの国の1人当たり国内総生産よりもずいぶん低い。これは他の医療行為（薬や機器等含む）の費用効果の閾値よりもかなり低く抑えられており、予防によって治療よりも予算当たりで大きな健康増進を見込むことができる可能性が示されている。ベスト・バイ政策を実施することによって、費用を抑えながら最大の効果が見込めるというわけだ。

WHOによる推奨を受けて、次に各国政府が問うべき問題は、果たして自国の文脈に合ったエビデンスがあるだろうか、ということであろう。米国のタフツ大学の研究グループは、世界中で行われた費用効果分析のエビデンスをデータベースに登録して公開している。ここでは主に低中所得国に対応するデータベースであるGlobal Health CEA Registryをみてみよう。WHOの生活習慣病対策ベスト・バイ政策の定義に合わせて、健康行動に関するカテゴリーごとにエビデンスの数をまとめたのが表4－3である。ここでは第3章で解説した増分費用効果比（incremental cost-effectiveness ratio：ICER）の数をエビデンスの数として報告していることに注意してほしい。*2

表4－3　Global Health CEA Registryの分析結果：低中所得国における健康行動介入政策に関する費用対効果のエビデンス数

	政策	ベスト・バイ（ICER<I$100）	費用効果に優れる介入（ICER＜1人当たりGDP）
タバコ	増税	10	37
	商品パッケージへの警告文掲載	2	7
	広告規制	6	27
	公共施設における副流煙対策	7	29
	メディアによる啓発	8	14
	禁煙セラピー	9	33
	その他	0	1
アルコール	課税	9	66
	広告規制	2	57
	販売規制	1	27
	飲酒運転の取り締まり強化	1	14
	医師による問診	1	34
	飲酒可能年齢制限の徹底	1	1
	その他	2	14
食事	減塩	5	6
	メディアによる啓発	7	12
	トランス脂肪酸の規制	2	1
	ソフトドリンクへの課税	4	0
	野菜果物摂取の動機付け	0	7
	栄養成分表示の実施	1	0
	教育プログラム	0	5
	減量手術	1	2
	その他	37	191
運動	コミュニティ教育とキャンペーン	1	4
	医師による問診	0	4
	公共交通機関へのアクセス改善	0	1
	歩行促進	0	1
	その他	2	8

注）「ベスト・バイ」の定義は、増分費用効果比（ICER）が1 DALY当たり100国際米ドル以下であること。「費用対効果に優れる」の定義は、増分費用効果比（ICER）が1 DALY当たりその国の1人当たりGDP以下であること。エビデンスの数は、文献中に報告されているICERの数を示す。ここに示されたGlobal Health CEA Registeyの分析は2018年に行われたものである。

さらに、ＩＣＥＲの計算に当たって、効果の測定にＤＡＬＹを使用した研究のみがデータベースに収録されている。低中所得国における費用効果分析にはＤＡＬＹを用いることが多く、高所得国ではＱＡＬＹ（quality-adjusted life years：質調整生存年）を用いることが多い。

この表では、エビデンスの数が非常に少ないことが示されている（低中所得国を見回してもエビデンスの数はこれだけ）。ほとんどの低中所得国には、生活習慣病予防の政策に関する費用対効果のエビデンスが存在しないのである。注意したいのは、政策の効果に関するエビデンスは、費用対効果に関するエビデンスよりは比較的数が多い可能性が高いことである。例えば、多くの低中所得国で導入されているタバコ増税政策について、税金の需要への効果を推定した研究は星の数ほどあるが、一方でその費用対効果を分析した研究は９個しかデータベースには存在しないのだ。予算配分には依然として政策にかかる費用の情報も重要となるため、費用対効果のエビデンスの数ということになると、とても少なくなってしまう。現状では、政策担当者は十分なエビデンスがないまま予防政策に予算配分する決定に迫られているのだ。この結果は、これとは別の研究でも支持されている。ＷＨＯが推奨するベスト・バイ政策について、89％の国では直接的なエビデンスが存在しないのだ（Allen et al. 2018）。

「文脈」の重要性

さらに、こうした政策のリストは有用ではあるものの、政策担当者はこれを鵜呑みにすることなく、自国の文脈に照らし合わせて精査しなくてはならない。例えば日本において、たった100米ドル程度の投資で健康寿命が1年も増やせるという話はあまり現実的ではない。また、最貧国においても、そもそもリストされた政策を実行できるだけの予算や人員があるか、多くの場合は不明である。さらにさまざまな利害関係により、政策を実行することが支持されないかもしれない。例えば増税を利用した政策においては、喫煙者、メーカー、政治家等からの多くの反対が予想される。費用対効果だけでなく、その国の経済や文化、政治等の文脈が重要なファクターになることはいうまでもない。例えば、日本においてタバコ税は漸次上げられてきているが、その税率はまだまだ海外諸国や世界保健機関が推奨しているレベル（製品価格の70％）と比べるとずいぶん低水準である。タバコ税が生活習慣病予防において有効と考えられていたとしても、いまだにその実施は中途半端にならざるをえないさまざまな事情があるのである。

インドにおいてはタバコに対する課税は期待されていたほどの効果がなかったとされている。現地では喫煙方法としてタバコ（cigarette）ではなくビディと呼ばれる巻煙草が大衆レベルでは中心であり、いわゆるタバコに対する課税はビディには及ばず、喫煙の健康被害を減らす効果がなかった。また、喫煙商品に関連する税システムが非常に複雑な体系になっており、製品の形や製品に含まれるタバコの葉の量等によって税率が大きく異なる。このような状況では、タバコ税が増税され

＊2　通常、1つの研究では複数のＩＣＥＲが報告される。

たとしてもメーカーは製品の中身を少し変えるだけで税金を逃れることができるため、政府が期待するような効果が得られないのである。

消費者側の政策への対応によって、期待されていた政策効果が得られない可能性もある。例えば、政府がタバコ税を導入したとして、本当に消費者は素直に消費量を減らすだろうか。市場で取引きされているタバコは必ずしも同質のものではなく、実際には１本当たりのニコチンやタール等、含有物の量は大きく異なる。日本のタバコ市場ではタバコ１箱当たりの値段はかなり均一化されているが、その一方で、例えばニコチン１mg当たりの値段は大きく異なる。ニコチン中毒者は、もしタバコ１本当たりの値段が上がってしまったとき、その気になればニコチン１mg当たりの価格が低い銘柄にいつでも移行することができるのだ。米国における研究では、税額の上昇により、消費者は実際により含有量の多いタバコ銘柄にシフトすることで、課税政策の健康への効果は実際には従来考えられていたよりも小さい、という発見がなされた（Adda and Cornaglia 2006; Cotti et al. 2016）。

このように政策の最終的な効果は文脈やステークホルダーの反応等に大きく依存するが、こうした要因について代表的なものをまとめることはできる。筆者の１人は世界各国の生活習慣病対策の政策担当官や研究者に対してアンケート調査を行い、各国で導入された生活習慣病対策政策のケース・スタディに基づき、彼らが政策導入上重要と考えた要素をまとめた（表４－４）。

表４－４のはじめに登場する「エビデンスの有無」についてはこれまで紹介してきたが、そのほ

表4－4　生活習慣病対策の政策実施に当たっての文脈要素

・費用対効果に関する現地のエビデンスがあるか？
・その政策は疾病負担や社会情勢等から介入対象の集団にとって重要と言えるか？
・政治や産業との利益相反がなく国民に支持されているか？
・政策を長期間継続できるか？　人員、予算の確保
・政策実施にあたって誰を説得し協力するべきか？　他省庁間の協調
・介入対象の集団が協力的か？
・政策に倫理上の問題はないか？

出所）"Best buys, wasted buys and controversies in NCD prevention" Prince Mahidol Award Conference.

かの要素は政策介入の費用対効果を決める上で重要となる可能性が高い。多くの場合、費用効果分析は実験的にコントロールされた、いわば非現実的な状況、もしくは政策実施の場とはかけ離れた状況（仮定を多く含んだ疫学モデル等を含む）で作られたエビデンスに拠らなければならないことが多い。一方で実際の政策はさまざまな利害関係を調整しながら、さまざまな人々が生活している現実の社会において実施される。表で挙げた要素は多くの政策担当者にとって共通であるが、おそらく彼らが考慮しなくてはならない要素のほんの一部に過ぎない。どの要素が重要になるのかも現地の文脈に依存していて、簡単に政策実施のための処方箋は出せない。エビデンスが少なく、しかも政策の費用対効果が文脈に大きく依存する生活習慣病予防政策では、あらゆる文脈に対応するような政策の方法論がないまま、政策担当者には深刻な不確実性の中での意思決定が迫られている。例えば海外のエビデンス以外に頼れる情報がないとき、そのエビデンスはどこまで自国の文脈に適用可

能なのだろうか？　はっきりした答えのない難しい問いであるが、意思決定の説明責任を果たすためには避けられない問いでもある。このような状況下で少なくとも私たちができることは、エビデンスの慢性的な不足、またその文脈依存性を十分に理解しつつ、多くの政策実施ケースにおいて共通する要素に配慮しながら最善を尽くすことしかない。エビデンスによる政策決定（evidence-based policy making：ＥＢＰＭ）の説明は第5章でより詳しく行うが、ＥＢＰＭの実施には個々の政策の対象それぞれが持つ個別事情や文脈への深い理解と配慮が肝心となることはここで強調しておきたい。

4－6　おわりに

高所得国、低中所得国を問わず、生活習慣病は疾病負担が大きく、その対策は日本を含め世界の医療政策における喫緊の課題である。生活習慣病の多くは日常の健康行動によって決まる。よって、いかにして健康行動を改善させるかが、国民健康水準の維持・改善、および医療システム運営において肝心である。

本章では、健康行動変容についての経済学研究の変遷や、今後の研究、また政策実施における見通しと課題について議論した。詳しくみてきたように、金銭インセンティブを使った介入、行動科学の知見を応用したナッジ、と大きく異なる2つのアプローチが同時に世界的な注目を集めている。

その一部は日本においても今後の実施が検討されており、有力な生活習慣病対策になる可能性がある。

一方、低中所得国における生活習慣病予防政策や資源配分に関しては、特に政策介入の費用対効果に関するエビデンスが不足しており、また仮にエビデンスがあったとしてもその効果は文脈に依存するため、費用対効果のエビデンスだけでは意思決定できないことについて議論した。これは日本を含めた高所得国においても同じことがいえると考えるべきである。

これまでの日本の予防政策の特徴は、頻繁ながん検診や健康診断による「早期発見」や、生活習慣病抑制のための医療機関の受診や薬の投与による処置を重視する傾向があることであった。第2章で詳しく議論したように、早期発見を目指す政策は、国民健康および医療財政にとって常に望ましいわけではない。また、生活習慣病による医療機関の受診と処置は、場合にもよるが、それが日常的に頻繁に行われる割には効果が少ないとされる。「出来高払い」をベースにした日本の支払制度では、診療報酬が健康状態改善の有無ではなく処置の数に依存するため、医療機関にとっては、効果が出ない処置を抑制するインセンティブが働かない。医療財政がひっ迫している原因のひとつである。医療供給側の行動やインセンティブについては、『医療現場の行動経済学』（大竹・平井2018）等を参照されたい。この点については、本書でも第5章でより詳しく議論する。

5

医療経済学とエビデンス

5－1　はじめに

「エビデンスに基づく政策形成（evidence-based policy making：ＥＢＰＭ）」が花盛りである。本書でこれまで取り上げている医療・保健分野も例外ではない。政策意思決定者は高度化した経済理論や統計学（計量経済学）の知見を解釈しながら、依然大きな不確実性の下での難しい決断を迫られており、しかも、間違った意思決定を行えば国民の命を犠牲にしてしまうこともあるのである（Culyer, Podhisita and Santatiwongchai 2016）。エビデンスは毒にも薬にもなり、その使い方が肝心で、難しいのだ。

近年では政策インパクト評価の方法等について一般向けの書籍も多くなり、エビデンスを作るという作業に関して認知度が高まっている。データの整備等の制度変更を伴う環境整備を除けば、エビデンスの作成は技術的な問題であることが多いため、その学習や実践はすでにかなり門戸が広いものとなった。経済学の研究対象はさまざまな理由で実験的なアプローチをとることができず、その多くが観察データの分析に依存しており、そのための統計的手法（計量経済学）の発展が目覚ましい。ただし、医療経済学だけでなく経済学全般にいえることだが、近年になって可能な範囲で実験的アプローチをとる研究の数が増えてきており、特にランダム化比較試験（randomized controlled trial：ＲＣＴ）を中心とする医学的研究と手法が近づいてきていることは第４章でも触れた。このように、エビデンスを作る、という方法論において経済学と医学（またその他の自然・

社会科学分野）との垣根が低くなってきている。例えば、『進化する経済学の実証分析』（経済セミナー編集部編２０１６）では、経済学のさまざまな分野におけるデータを使った因果推論や政策評価などについて広範にレビューされている。一方で、そのエビデンスをどう評価し政策に活用するのか、またそのときに何に気をつけなければならないか、すなわちエビデンスの活用やその推進については、そこまで議論が成熟しているわけではなく、またあくまで統計分析結果の解釈に議論が集中することもある（Deaton 2009; Imbens 2010）。そこで本章では、政策意思決定におけるエビデンスの評価と政策応用について議論する。

巨額の財政赤字を抱える日本では、限られた資源の有効活用は特に重要な政策課題である。予算に見合った政策目標が達成できたか評価をする重要性から、エビデンスに基づく政策が注目を浴びているが、政策決定を助けるためのエビデンスをどう評価すべきか、今後議論が必要となろう。

エビデンスの重要性は、医学分野のＥＢＭ（evidence-based medicine：科学的根拠に基づく医療）に端を発する。現在では一般的にもよく知られている概念であるが、実は誤解している人も多いＥＢＭに関してまず説明する。ＥＢＰＭの理解のためにはＥＢＭの議論を理解しておくことが必要だからだ。ＥＢＭの誤解を正すことが、ＥＢＰＭへの誤解を正すことにもなる。その次に、エビデンスの考え方を整理し、具体例（支払制度、医療における競争、費用対効果評価などの政策テーマ）を用いて、エビデンスとの付き合い方を議論する。

５－２　「エビデンスに基づく」とは？

エビデンスに基づく政策とは、「科学的根拠（エビデンス）・情報を正確に分析して活用することで効果的な政策を選択していくこと」と一般的にいわれている。ここで注意しなければならないのは、エビデンスの有無で政策のすべてを決めるのは誤りである、ということだ。例えばエビデンスがあるから政策をやるべき、ないものに関してはやってはいけない、という考え方は誤っているのである。特に経済学における個々の研究は特定の政策形成プロセスとは関係なく行われることが多いため、エビデンスの有無は偶然か、もしくは論文が書きやすい分野・トピックに偏りがちである。したがって、エビデンスが現在の政策上の最重要課題に集中するとは限らない。

ＥＢＭでも同様の誤解の歴史があった。「エビデンスに基づく医療」という考え方は、医療の質に対する意識の高まりを背景として、１９９１年に“Evidence-based Medicine”と題する小論をマクマスター大学のゴードン・ガイアットが発表したことが契機のひとつとなった（Guyatt 1991）。その後、ＥＢＭは医療行為の有効性を科学的に捉え直す試みとして、エビデンスを活用する(evidence-based）という考え方が各領域で急速に浸透した。

しかし、ＥＢＭとは「治療を行うときには、医療者の経験や勘に基づく治療法でなく、効果があると科学的に認められた治療法を選択するべき」という誤解が当初はあった。日本ではまだそのように思っている医療者も多く、そのため日本の臨床の現場では「ＥＢＭやガイドラインに基づく診療とは、マニュアル化、制限医療」といった批判が依然少なくない。

正しくは、エビデンスとは判断材料のひとつであり、ＥＢＭとは「ある健康問題のよりよいマネジメントのために、現在得られる最良の臨床研究のエビデンスを参考にしながら、医療者の専門性や経験、個々の患者の症状や環境を加味した上で、医師と患者がともに意思決定をしていく」ことである（Sackett et al. 1996; 葛西 ２００２、中山 ２０１４）。最新最良のエビデンスをみつける努力と、それを目の前の患者や家族のケアにどのように使うのか（または使わないのか）を、患者の個別事情を理解しつつ対話を重視して共通の理解基盤を見いだすことである。これは、最近臨床の場で重視されるようになった「患者中心の医療の方法」であり、後半に紹介するように、英国のプライマリ・ヘルス・ケアにおける成果払い制度（Quality and Outcomes Framework：ＱＯＦ）のアウトカム指標にも反映されている。エビデンスとは、多くの場合は集団の平均に関する科学的な知見であり、それに基づいた診療ガイドラインの推奨を鵜呑みにするのでなく、あえて推奨をしないこともある。英国のBMJ Publishing Groupが、最新最良の臨床研究のエビデンスを診療現場で容易に利用できるように１９９９年に刊行を始めた『Clinical Evidence』と題した一連の出版物のキャッチコピーは、“We supply the evidence, you make the decisions”だ。また、近年の英語文献では、evidence-based（エビデンスによる）と書かずに、evidence-informedとかevidence-guided（エビデンスの情報を使って、エビデンスの助けを受けて）といった具合に、あたかもエビデンスが診療や政策を決めるかのような誤解を避ける表現を使うことが増えている。

こうしたエビデンスの考え方は、臨床現場だけでなく、政策の場でも同様に重要である。政策研究におけるエビデンスとは、多くの場合は集団の平均的な傾向を表しているにすぎず、したがってすべてを決めるものではない。それでは、政策現場は何によって意思決定をするのか。まずはエビデンス、その人や社会の価値観、そして利用できる資源（人、物、時間、費用）、これらの要因の折り合いをつけて決めていくのがエビデンスに基づく意思決定である（Gray 2001）。現状、「エビデンスに基づく医療政策」に定番の定義があるわけではないが、以上の議論を踏まえると次のように整理できるだろう。すなわち、「政策の立案、実施、評価に責任を持つ個人や組織が、現時点で入手可能な最良のエビデンスを集め、またときにエビデンスを作り、その妥当性や対象集団への適用可能性などを吟味し、さらに個人や組織の経験、利用可能な資源や技術、また社会情勢と文化を十分に考慮した上で、そのエビデンスを活用しながら保健、医療の問題を解決していくための意思決定の過程または方法」である。

5－3　何がエビデンスになるのか

この節では、医療や医療政策において、どのようなエビデンスがあるのかについて概観する。さらに、個々のエビデンスがどのようにして作られ、それを政策決定者がどう解釈し意思決定に役立てられるのかについて議論する。

エビデンスとは？

政策意思決定のためのエビデンスについての理解を助けるために、この分野の先駆者である医学分野の議論を追ってみよう。医学分野においては、エビデンスの質について大まかなヒエラルキーがあり、それは主にエビデンスが作られた手法に依存している（図5-1）。医学の研究対象の多くは医学的介入の効果測定にあり、経済学の研究対象（例えば経済理論のテスト）とは異なるため注意が必要ではあるが、基本的に、ランダム化比較試験（RCT）に基づくエビデンスは上位に、観察研究や症例の収集によるエビデンスは下位に分類される。

Ⅰ　システマティック・レビュー／ランダム化比較試験のメタアナリシス（エビデンスの統合）
Ⅱ　1つ以上のランダム化比較試験
Ⅲ　非ランダム化比較試験
Ⅳa分析疫学的研究（コホート研究）
Ⅳb分析疫学的研究（症例対照研究、横断研究）
Ⅴ　記述研究（症例報告やケースシリーズ）
Ⅵ　患者データに基づかない、専門委員会や専門家個人の意見

新しい手法を使えばよいのか

医療や保健分野における質の高い臨床試験（RCTなど）は、併用薬や生活習慣などの影響しう

図５－１　Hierarchy of Evidence
介入と結果の因果関係に関する論文のエビデンスレベルの分類（質の高いもの順）

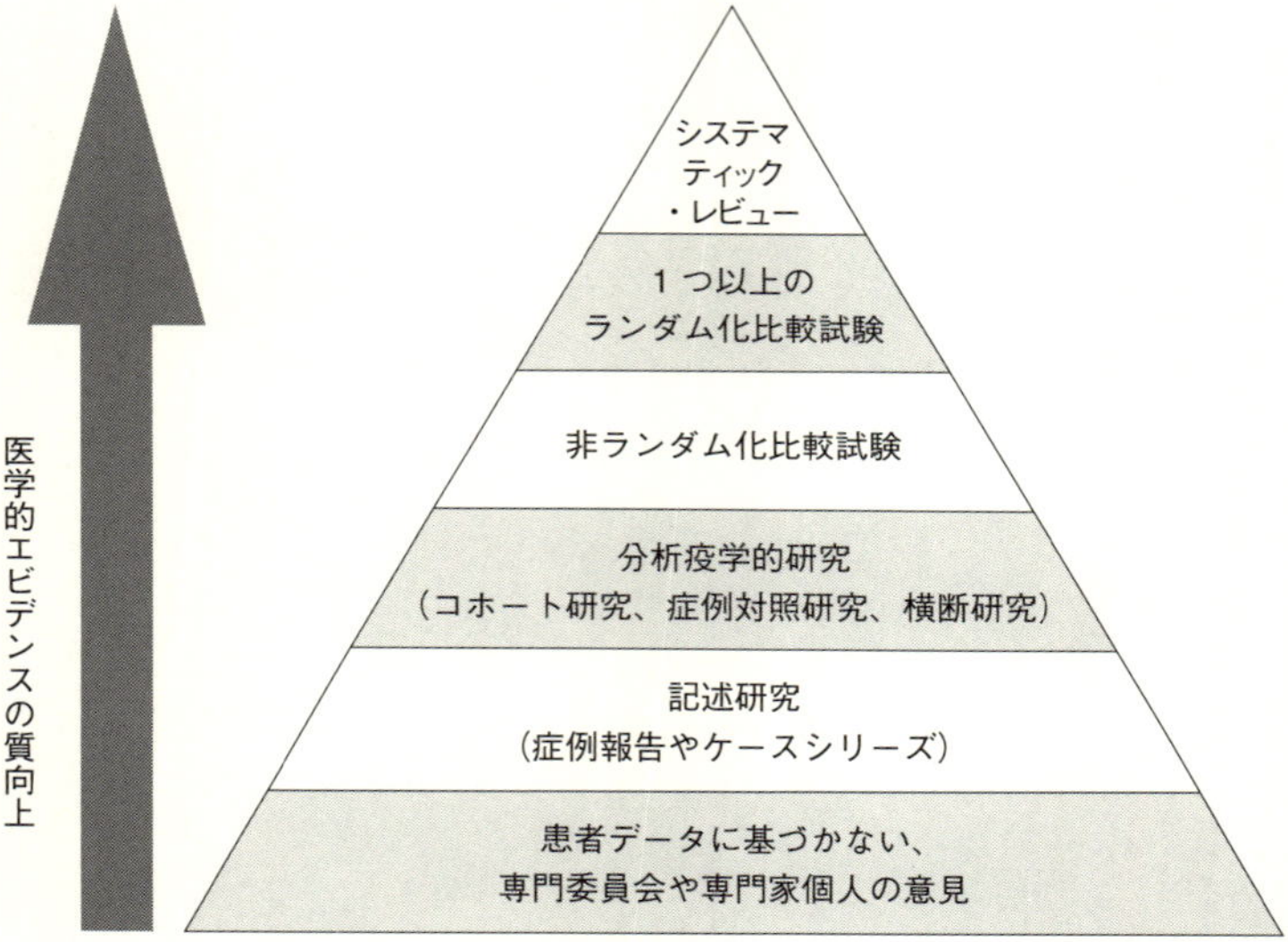

出所）Akobeng（2005）をもとに作成。

る要因（交絡要因）を厳格に規定した上で実施する。すなわち、「介入を実施するかしないか」以外の要素はできる限り共通化した環境を作り出す。そのような環境下で効果に差が出たならば、介入との間の因果関係は強いはず、という考え方である。この時、その研究は内的妥当性（internal validity）が高いと考えられ、したがってエビデンスレベルが高いとされる（Glasgow, Lichtenstein and Marcus 2003）。ただし「厳格に規定」することは、研究結果を実社会に応用する際のハードルを高くすることにもなる。ＲＣＴでは、検査の頻度や併用薬、試験中の生活習慣などをそろえることで、介入実施の有無以外の要素の影響をできる限り排除している。しかし、いざその医薬品が世に出た後は、患者が途中で病院に来なくなったり、こっそり別の医療機関を掛け持ちしたり、生活習慣のせいでさらに病気が悪化するような事態は容易に起こりうる。研究デザインを厳格にして、内的妥当性を上げるほど、「臨床試験の結果」と「実際に臨床で使われた結果」が食い違う可能性は大きくなる。「臨床試験の結果が、そのまま実際の臨床に当てはめられるかどうか」の指標を外的妥当性（external validity）と呼ぶ。エビデンスレベルの高い研究は内的妥当性は高いが、どうしても外的妥当性は低くなる。

逆に、個々のエビデンスレベルが低いとされる研究、例えばコホート研究を考えてみよう。特定の集団に対して、生活習慣を記録しておき、ある生活習慣が特定の疾患の発症へ与える影響をみるのがコホート研究である。生活習慣の影響をみる際に、ＲＣＴのような「2群に分けて一方は飲酒あり・一方は飲酒なし」のような群分けは非現実的である。それゆえ、生活習慣の選択権は参加者に委ねた上で、影響を将来にわたって評価するコホート研究が用いられる。例えば、飲酒するかしないかは参加者が決める以上、「飲酒あり群は喫煙率も高く、運動習慣もない」といった他の要因の影響は排除できず、内的妥当性は低くなる。しかし、生活習慣や疾患発症を記録していること以外は「なりゆき任せ」であり、いろいろな制限を加えていないため、外的妥当性はむしろ高くなる。

このような点を踏まえて、ＥＢＭでは効能（efficacy）と効果（effectiveness）を異なる概念として用語を使い分けている（Glasgow, Lichtenstein and Marcus 2003; Gray 2001）。どちらも「有用性・

効き目」を指す点では共通だが、効能は研究の中で示された有用性を、効果は実際の世界で使われたときの有用性を指す。究極的には、効能でなく効果を示すことが目標になるが、効果を直接示すことはやや難しくもある。

これに加えて、経済学を含めた社会科学や疫学では、現実に行われた公共政策の効果を観察データから測定するインパクト評価が行われる。これらの結果は、実験室や小規模フィールドで得られた実験結果と比べて内的妥当性（internal validity）は劣るものの、政策上の意思決定に対してはより強い影響力を持つことが多い。すなわち、研究者によってコントロールされた環境における実験結果は、解釈は容易でも、国レベルや集団レベルで実施される政策を考える上では、それらの結果は「非現実的」、もしくは「局所的」な環境で得られたものであるとみなされがちである。一方、実際に行った政策の観察データによる評価は、因果関係の立証力は介入実験と比べて弱いものの、「現実」において何が起きたのか明らかになるため有用性が高いと考えられる。また、実際の政策では、政策立案者が意図しなかった要因や政策実施上の文脈によって政策の効果が予定通りに発揮されないことがあるが、インパクト評価ではその点についても検証可能である。このように、公共政策のためのエビデンスでは、内的妥当性と外的妥当性の双方を「両にらみ」しつつ最適な手法を選択する必要がある。

例を1つ挙げよう。第4章で紹介したように、肥満対策として人工的に加糖されたソフトドリンクへの課税（砂糖税）が世界的に広く検討されている。現存するエビデンスのほとんどは、観察データを用いた需要システム分析である（Andreyeva, Long and Brownell 2010; Briggs et al. 2013）。小規模な環境で実験を行った研究もある（Zizzo et al. 2016）。上の議論でも紹介したように、代表サンプルを用いた需要システムの分析によって、ソフトドリンクの価格と需要との相関関係から価格弾力性が計算できるが、実際に課税を行ったとして、その推定結果通りにソフトドリンクへの需要が反応する確信はない。現実の市場では、価格も内生変数だからだ。一方で、実験的な環境（例えば、ある地域の特定のお店でソフトドリンク価格を実験的に操作して得られたデータの分析結果）は、解釈可能性において需要システム分析のそれよりも有用だが、それを国全体で実施する課税政策の効果の予測として使うのは無理があるかもしれない。このような状況では、他国において実際に行われた政策で何が起こったか、政策が効いたか効かなかったも含めて、その経験から学ぶことも有力となる（インパクト評価）。ただし、第4章で議論したように、政策形成やその結果は個々の文脈に大きく依存するため、A国で成功（失敗）したのだからわが国でも成功（失敗）するはず、という安易な結論付けは禁物である。

個々のエビデンスには、それが得られたデータや方法等によってそれぞれ長所短所があり、いずれかのエビデンスが決定版になるわけではない、ということはすでに述べた。それではエビデンスの使い方として、医療経済学では今後何が必要になるだろうか。そのひとつの可能性は、エビデンスの統合である。図5－1にあるように、最も質の高いエビデンスとは、複数の研究結果を系統的に統合したシステマティック・レビューによるものとされている。1つのテーマに関して、臨床研究が1つしか存在しないことはまずありえず、通常は複数の研究が存在する。このときに、あらかじめ定めた基準に基づいて研究を収集し、それらを科学的な手順に則って統合し、1つの結論を出すものがシステマティック・レビュー（メタアナリシス）である（Akobeng 2005）。より正確には、システマティック・レビューは、あるテーマの研究をあらかじめ定めた取捨選択基準に基づいて「収集」するところで足りる。一方でメタアナリシスは、収集してきた複数のエビデンスを統合して1つの結論にまとめる研究（もしくは、統合する手法そのもの）を指す。ただし実態としては、明確な区別はなされていない。もちろん、それぞれの研究ごとに背景の環境や患者の特性は変化する。この「研究間の異質性」があまりに大きい場合は、そもそも研究の統合自体が難しくなるので、注意が必要である。さらに注意点として、ここでの「最も質の高いエビデンス」は、あくまで「内的妥当性（研究自体の質）」に着目したものである。エビデンスを実際の政策に応用する際には、外的妥当性を改めて考慮する必要がある。

Campbell Collaboration（https://campbellcollaboration.org/）は、第1章で紹介した臨床・医学上のエビデンスの統合を目指すCochraneの社会科学版であり、医療経済学におけるエビデンス統合も世界ではすでに始まっているのである。

5－4　具体的な研究テーマとエビデンス形成

この節では、現在の医療政策において重要となっているテーマから3つ選んで、それぞれについて紹介する。

支払制度

支払制度は医療機関の行動にどのような影響があるか。これは医療制度の根幹ともなる重要なリサーチクエスチョンだ。各国の医療費の支払制度には大きく分けて、出来高払い、人頭払い、成果払い、などがある。

英国は2004年に、QOFと呼ばれるプライマリ・ヘルス・ケアにおける成果払い制度を導入した。患者のアウトカムを改善させた医療機関や医療者に経済的なインセンティブを与える支払方式だ。導入から10年以上経ち、さまざまな研究が行われたが、QOFは患者のアウトカムを改善しないという結果も少なくない。こうした研究結果（エビデンス）をもとに、英国では支払制度の改革の方向性にどのような影響を与えているのか、また、他の国への影響も紹介する。

まず、日本と英国の医療費支払制度の違いを説明しよう。日本の支払制度は出来高払いであり、検査や治療をしないと診療報酬が支払われない。病気にならないように、病気が悪化しないように、というインセンティブは働きにくく、そもそも医療者がコスト意識を持ちにくい。そのため過剰医療になりがちであることは従来から指摘されてきた。しかし、実は出来高払い制度の下でも過少医療になることがある。すなわち、医師は多くの患者を短時間で診ないと採算が合わないために、１人当たりの受診時間が短くなったり、また受診が必要であっても待ち時間が長いなどの理由で医療機関にかかれないなど、過少医療になりうる。重症化してから受診する患者も少なくない。

一方で、英国の外来医療の支払制度は２０００年初めころまで、人頭払い制度が主体であった。人頭払いを採用できるのは、英国の場合、患者登録制に基づいて（患者の希望に応じてどの診療所にも自由に登録可能）それぞれの診療所が地域で担当する住民の人数がほぼ決まっているためだ。英国では、１人の家庭医（general practitioner：ＧＰ）が１５００～２３００人程度の地域の住民を担当している。診療所は複数の家庭医（ＧＰ）が働くグループ・プラクティスが主で、全体の約90％を占める（Health and Social Care Information Centre 2015）。

人頭払い（１人当たり）の額は、Carr-Hill Formula（British Medical Association and National Health Service 2015）で決められている。具体的には診療所に登録されている地域住民の年齢、性別、新規登録患者数、罹患率、死亡率、地域の地価・物価・人件費などに応じて額が決まる。参考までに、２０１５～２０１６年では、イングランドの診療所のサンプルの平均で、住民１人当たり75・77ポンドであった。

しかし、人頭払いのみでは、地域住民１人当たりの収入があらかじめ決まると、医療行為の有無にかかわらず診療所の収入は一定となるため、過少医療の可能性が指摘された。そこで、２００４

年からQOFが導入された。QOFとは、地域全体の疾病管理の質をいかに高めたか（例えば、糖尿病では死亡、壊疽による切断、失明、透析の減少につながる診療目標の達成）も加味して報酬が決められる仕組みだ。現在の英国の支払制度は、出来高払い、人頭払い、成果払い制度を組み合わせて、過剰医療にも過少医療にもならないように工夫をしている。具体的には家庭医（GP）の報酬は、出来高払い10％、人頭払い70％、そして成果払い（QOF）が20％である。

さて、本題だが、QOFは医療機関や医師の行動を変え、患者のアウトカムを改善させたのだろうか。QOFの導入により慢性疾患の管理の質の向上や、病院医療費の抑制に寄与したのか、さまざまな研究が行われた（Dusheiko et al. 2010; Beales and Smith 2012 など）。結論として、その効果は依然として不透明な部分が多いとされている（Smith 2014）。他にも、毎年の指標見直しのため家庭医（GP）だけでなく診療所全体の事務負担が大きいことなども指摘されている。

このように問題点は少なくないが、英国の医療政策の現場では、QOFは一定の成功を収めていると評価されている（McShane and Mitchell 2015）。実際、英国政府（National Health Service）は、QOFの適応範囲を広げており、開始時点の10領域から25領域に増加している。

QOFは患者のアウトカムを改善させていない、という指摘があるが、どのようにしてアウトカムを計測するのか。第3章でも紹介したQALY（quality-adjusted life years：質調整生存年）の議論と同様に、アウトカムの測り方に関していまもさまざまな研究が進行中だ。特にQOFはプライマリ・ヘルス・ケアにおける成果払いなので、疾患特異的なアウトカムだけで評価できない（Stange and Ferrer 2009)。

質を高めるためのさまざまな取組みは、２００４年のＱＯＦ導入の5年以上前からすでに始まっており、２００４年前後でＱＯＦのみの純粋な評価をするのは難しい。１９９９年には最新最良の臨床研究のエビデンスを診療現場で容易に利用できる『Clinical Evidence』の出版を英国のBMJ Publishing Groupが開始するなど、医療の質を担保する仕組みが国や学会が中心となって導入された。同年、費用対効果に優れた診療を推進するためにＮＩＣＥ（National Institute for Clinical Excellence, 現在は改称されて、National Institute for Health and Care Excellenceとなった）が設立されて、ＨＴＡ（health technology assessment：医療技術評価）を活用し、診療ガイドラインの作成、すべての医師の診療の評価、患者の意見の反映などを進めた。

一方で、ＱＯＦ導入の効果として、電子カルテ化がほぼ１００％進み、国民にとっての生涯にわたる医療記録となったことは高く評価されている。家庭医療（general practice, family practice）の専門教育についてもＩＴ化が進み、特に研修や評価を支援する制度や、毎年改訂されるカリキュラムの達成は優れていると評価が高く、インターネットからも自由にアクセスが可能である。

他にもＱＯＦ導入による変化として、医療の質以外にも、患者の意識やデータの活用が挙げられる。この10～20年間にわたり、患者の意識だけでなく医療におけるパラダイム・シフトが起きて、患者は治療の「対象」から「主体」に変容している。これはpatient-centered careといわれるもので、医師に指導されるのではなく、患者自身の自発的な意思や行動を中心にして、家庭医が患者や家族の意向を重視して治療を行うスタイルに変わっている。新規患者に対する教育プログラム推進や生活習慣改善（例えば、新規糖尿病患者に対して9カ月以内に教育プログラムを受講させると40～90％の受講達成で11点：２０１５年度は1点１６０・15ポンド、２０１４年度は1点１５６・92ポンド）、家族・保護者を含むケア体制の推進（例えば精神病に関して統合失調症などの精神病患者の中で過去12カ月に患者本人・家族・介護者と適切に合意された包括的なケアプランがある割合の達成率40～90％で6点）などが家庭医の報酬に反映される。

そして、地域住民の医療データが家庭医の診療所に一元化されるため、地域医療の重要なデータベースとして医療政策に活用されるという強みもある。家庭医や看護師は予防や健康増進を通して地域全体の健康を支える役割を担っているが、登録データから、例えば65歳以上の住民または65歳未満でも糖尿病や喘息を抱える人や妊婦などからインフルエンザ・ワクチンの未接種者を割り出して、当該者一人ひとりに手紙を出すといったことが日常的な仕事になっている。また、家庭医も、地域の診療所の診療内容や薬の処方の内容を外部から監査される仕組みになっている（川越・澤２０１５）。

このようにしてみると、英国の医療の現場では、ＱＯＦの精神とは、「目の前の患者さんのために、どのような情報を集め情報をどう活用するか」にあることがわかる。「成果払い制度のエビデンスがないから、（例えば日本に）導入するべきではない」という考えは適切ではない。もちろん現状の複雑怪奇な日本の診療報酬制度に屋上屋を重ねるように成果払いを導入すべきといっているのではない。日本の現行の出来高払い制度には過剰だけなく過少医療の問題もあり、今後医療制度をどのようにしたいのか、理念がまず重要となる。ＱＯＦで質を向上できなかった部分を改めるために、最近スコットランドとイングランドでは新たな成果払い制度への転換が始まった。英国家庭医学会も家庭医のケアの質を保証する制度改革の検討を開始したという。こうしてよりよいケアを目指す制度改革は続く（Marshall and Roland 2017）。

成果払い制度の導入を検討している国のひとつはデンマークだ。デンマークは登録制（list system）という患者登録制度の下、1人の家庭医が約１６００人の地域住民を担当しており、国民全員が1つの診療所に登録しているため、家庭医は地域住民の状況を把握している。家庭医への支払いは、出来高払いが70％、人頭払いが30％である。英国のように地域差などを考慮することなく全国一律で人頭払いの額を設定している。最近、デンマークでも所得格差が問題になってきており、そうした社会経済状況に対応するために医療の支払制度の改革の必要性が指摘されている。今後もシンプルな支払制度を維持するのか、それともよりきめ細やかな人頭払いの仕組みや、アウトカム指標に基づく支払制度を一部導入するのか、国内で議論が進んでいる。

医療における競争とサービスの質、患者選択

世界中のほとんどの国で、医療サービスには公定価格が用いられている。こうした国では医療に価格競争は存在しない。よって医療機関はサービスの質において競争をする。よりよいサービスを

行うことによって、患者数が増えることで売り上げが上がる。政府の情報公開は、これを促進するための施策である。こうした政策（例えばＱＯＦ）の成功の前提条件は、患者の医療機関選択が医療サービスの質の違いに反応することだ。さらに検討すべきことは、質の違いによって本当に患者の健康アウトカムに違いが出るのか、病院間競争は本当に患者のためになるのか、という点である。

英国や米国（高齢者向けの公的医療であるMedicare）における従来研究（Kessler and McClellan 2000）では、公定価格の下、医療機関の競争は医療サービスの質を高めることが示された（ただし例外もある）。直近の研究では英国のデータが使われることが多いが、競争政策の導入によって患者が医療の質に基づき病院を選択し、さらに健康アウトカムも改善することがわかってきている。特に、英国では２００６年における医療改革で、患者の病院選択の余地を拡大させる措置をとった。従来は家庭医が専門病院の選択を行っていたが、改革後は家庭医が患者に対して５つの専門病院の候補を挙げ、そこから患者が選択する方式となった。患者による病院選択の幅が広がったことにより、病院は従来よりも激しい競争に晒されることになったと主張する研究者もいる。実際に、政策実施後、患者の病院選択はサービスの質に反応するようになった（Santos, Gravelle and Propper 2017）。この政策の結果、英国における病院の医療サービスの質は少なくとも部分的には改善された。急性心筋梗塞に注目した研究では、政策実施後には手術後の死亡率が低下したことが明らかになった（Gaynor, Moreno-Serra and Propper 2013）。

しかし、医療サービスの質をどう測るかは重要な問題だ。多くの既存研究では再入院率や死亡率をもって医療機関ごとのサービスの質と定義している。データの制約が大きいにしても、こうした「大雑把」なデータをもって、医療の質や患者行動を説明するエビデンスとすることに抵抗を感じるのは無理もない。これに対して、イングランドではすべての病院に対して、人工膝関節置換術をはじめとした一部診療において、第３章でも紹介した患者報告アウトカム（patient reported outcome：ＰＲＯ）を集めることを義務付けた（Department of Health 2008）。ＰＲＯはすべての診療に適用されるわけではないが、診療前後での患者側の健康状態やＱＯＬ（quality of life：生活の質）から医療の質を判断することが可能になる。ＰＲＯを質の指標とした研究では、患者は実際に質の高い病院を選択していることが明らかになり、従来の急性心筋梗塞の術後死亡率や再入院率といった指標はそれほど重要な変数ではないこともわかった（Gutacker et al. 2016）。

病院間の競争に関する政策研究では、医療機関選択や医療サービスの質を実験的に操作することができないため、観察データに基づく因果推論によって政策含意を導くしかない。この分野ではデータ、特に医療の質に関するデータがかなり限られている。先に紹介したGaynor, Moreno-Serra and Propper（2013）やSantos, Gravelle and Propper（2017）の研究では、病院における医療サービスの質は急性心筋梗塞の死亡率のみによって測られるし、それを部分的に克服したGutacker et al.（2016）の研究でも、人工関節置換のような一部の手術行為のデータの分析に留まっている。また、こうしたエビデンスは、実験的介入がないことによって内的妥当性に疑問が残るだけでなく、特定の診療区分に特化したデータしか得られていないため、外的妥当性も高くない。しかしながら、重要なことはＱＯＦをはじめとして、完璧ではないにせよ国家主導でデータを集め共有する努力がなされており、それに基づいてエビデンスを作り出す多大な労力がとられていることである。

ここで紹介した海外研究は、診療ガイドライン等によりある程度標準化された医療行為の中での質の違いに注目している。特に英国や米国の Medicare をはじめとした、診断群分類によって一定の報酬となる包括払い制度の下での病院間競争を前提としている。つまり、医療機関は同じ報酬（国家にとっては費用）の中で質を高める競争に晒されていることが前提となっている。したがって、競争によって、医療支出を変えずともサービスの質を高め国民健康を改善できるか、ということが核心的な問いとなる。一方、日本においては一部の入院医療を除いて基本的には出来高払い制が採用されているため、例えば診療所や小規模病院では、たとえ医療行為の単価は公定価格で一定でも、検査を増やすなどすれば同じ診断群分類でも大きく報酬が異なることになる。実際にレセプトデータの分析によって、小規模の医療機関では機関ごとにサービス内容がかなり異なることが明らかになっている（Nawata and Kawabuchi 2016）。こうした制度の下では、医療機関同士の競争は過剰医療（一見したところ丁寧なサービスに映るかもしれない）のような不健全な競争につながりかねず、実際にそれは国民医療費全体を押し上げる原因のひとつとなっている。「質の高い」医療の供給により多くの費用がかかるのであれば、その追加費用が正当化できるのか、費用と効果を検証する必要がある。

費用対効果評価のエビデンス

これまでの費用対効果評価では、単一の臨床研究の結果のみを用いた分析も多かった。この場合、研究者が「都合のよい」臨床研究を選択して、それのみに依拠して分析を行うこともありえた。こうした手法は常に研究者の主観といったバイアスがかかる可能性を排除できず、政策立案のための客観的なエビデンスの統合という意味では批判を避けられない部分がある。

現在では、費用対効果評価を行う際の「効果」のエビデンスに関しても、システマティック・レビューの実施が求められることが一般化してきた。実際、諸外国のＨＴＡ機関の分析ガイドラインも、多くがこの姿勢をとっている。日本のガイドラインも、システマティック・レビューによって国内外を問わず質の高いエビデンスを採用することを推奨している。

質の高いエビデンスを求めるのと同時に、無治療やプラセボ（偽薬）でなく既存技術と比較したデータを要求する流れも強まっている。追加的有用性（相対的有用性）の概念であるが、「質の高いエビデンス」と「直接比較したエビデンス」との両立は、困難を伴うことも多い。よく起こるのは、新技術をプラセボと比較したＲＣＴは十分に存在するが、新技術と既存技術を直接比較したＲＣＴは存在しないか、あるいは小規模なものしかないような状況である。ＨＴＡのためだけに追加の臨床試験を組むのは、現実的ではない。代替案として用いられるのが、直接比較の試験をプールして間接比較のデータを推計するネットワーク・メタアナリシスや、観察研究のデータから背景因子を調整し、擬似的に前向きの試験を実施する（狭義の）比較効果研究[*1]（comparative effectiveness research）である。プラセボと新薬Aを比較した臨床試験が15本あるときに、15本の結果を統合して「プラセボと新薬A」の優劣を確定するのが通常のメタアナリシスである。一方でネットワーク・メタアナリシスは、プラセボと新薬Aの臨床試験が10本・プラセボと新薬Bの臨床試験が5本あるときに15本すべての試験結果を統合して、「プラセボ vs A」「プラセボ vs B」だけでなく「A vs B」の比較（これが間接比較である）も行える指標である。AとBを直接比べた臨床試験が存在しなくても、プラセボ対照の試験を経由することで、擬似的にAとBの比較が可能になる。

システマティック・レビューを原則にした場合でも、どのような指標を効果のものさしに設定するかが、また問題となる。真のアウトカム（改善効果を実感できるアウトカム）を採用すれば、分析結果の解釈は容易だが、データをとるのは難しい。軽症の生活習慣病の治療薬について、生命予後への影響を新薬と既存薬で評価するのは、時間もお金も相当かかる。経済評価の場合は第3章で議論したようにＱＡＬＹを使うのが結果の解釈（ＩＣＥＲ［incremental cost-effectiveness ratio：増分費用効果比］の数値の解釈）のためには最も簡単だが、健康状態に対する重み付け、すなわち

＊1　現時点で介入をして将来の効果を評価するような、時間軸と同じ方向の研究を前向き研究と呼ぶ。一方、現時点での患者を集めて、過去の生活習慣との関わりを評価するような、時間軸と逆方向の研究を後向き研究と呼ぶ。

ＱＯＬ値まで臨床試験で取っている例は非常に限られる。そのため、１つの研究ではなくあちこちからデータを集めてくる必要があり、どうしても不確実性が大きくなる。代理のアウトカム（血圧、コレステロール値や血糖値など）の場合、データは簡単に取れる。しかし、例えば「血圧10 mmHg 低下当たりの追加費用」を算出したところで、その結果の良し悪しはまったくわからない。

解釈のしやすさ（真のアウトカムが有利）とデータの得やすさ（代理のアウトカムが有利）とを天秤にかけることになるが、経済評価の結果を政策決定に用いている諸外国では、解釈のしやすさに重きを置いて、ＱＡＬＹやＬＹ（life years：余命、生存年数）をアウトカムにして経済評価を行うことを推奨する国が多い。英国のようにＱＡＬＹを必須とする国と、フランスやオーストラリアのようにＱＡＬＹを基本としつつ、その他のアウトカムもある程度許容する国とに大別されるが、「基本としつつ……」の国でも提出データの多くではＱＡＬＹが使われる（ＨＡＳ ２０１２：五十嵐 ２０１３：福田他 ２０１３）。その理由は大きく分けて２つある。

まずは、上にも述べた結果の解釈のしやすさである。「血圧10 mmHg 低下当たりの追加費用」に関して、「血圧10 mmHg 低下当たり15万円」のように信頼性の高い（不確実性の小さい）データが得られたところで、費用対効果の良し悪しは判断しづらいし、意思決定に役立てることも難しい。ＱＡＬＹであれば、ある程度の絶対的基準（閾値）が提案されているため、絶対的な評価も可能である。そのため、政策決定の場ではＱＡＬＹがよく用いられる。

続いて、データを提出する側の事情がある。ある国でデータ提出を求められている医薬品は、多くの場合は他の国でも同じような状況にある。すなわち、オーストラリアのような「QALYでもよい国」だけでなく、英国のような「QALYが必須の国」からもデータ提出を求められていることが通常である（NICE 2013；HAS 2012；五十嵐 2013；福田他 2013）。データを作って提出する企業の側からすれば、提出国ごとに異なるアウトカム指標で分析をし直すよりは、どの国にもQALYをもとに計算したデータを提出するほうが手間は小さくなる。もっとも、すべての国向けの分析をQALYに統一したとしても、まったく同じデータを各国で使い回せるわけではない。日本も含めたHTA機関は、健康状態の重み付け、すなわちQOL値に関しては、海外のデータではなく自国のデータを優先的に使うことを定めていることが多い。同じ健康状態でも、その状態に対する価値付けは、究極的には個々人ごとに、最低限国ごとには異なるという発想が背景にある。重み付けに使うQOL値が各国ごとに異なれば、分析結果も国ごとに変わることになる（費用データに関しては海外データの利用は不可で、国内データが必須なのはいうまでもない）。

QOL値以外の臨床効果（アウトカム）に関しては、通常は国籍よりもエビデンスレベルの高さが重視される。すなわち、国内の観察研究（コホート研究など）のデータと海外のRCTでは、海外のRCTが優先される。

５－５　なぜＥＢＰＭが進まないか

世界中でＥＢＰＭの重要性が認知されているものの、その実施については日本をはじめどの国も限定的であり、不十分であると認識されている。どうしてＥＢＰＭの実施が進まないのだろうか。その要因のいくつかはこれまでこの章でも間接的に議論してきたところではあるが、ここでは英国の政策系シンクタンクであるInstitute for Governmentが２０１０年に発行したレポート（Rutter 2010）をもとに要因を整理し、日本での文脈を交えて議論を行うことにしよう。Institute for Governmentのレポートでは、ＥＢＰＭの阻害要因を大きく２つのカテゴリー、すなわち「供給側の要因」と「需要側の要因」に分けている。「供給側の要因」とはエビデンスを供給する側の問題であり、また「需要側の要因」とはエビデンスを使用する側の問題のことである。

はじめに供給側の問題から整理していこう。ここでは６つの要因を挙げたい。①データがない。②エビデンスの質が悪い。③不確実性が大きい。④的外れ・時代遅れ。⑤政策が複雑すぎる。⑥測定できない要素が多い。これらの要因は互いに関連し合っているものであることに注意してほしい。

供給側の要因

（1）データがない

ＥＢＰＭを進めようと思っても、政策決定のために必要なデータが存在しなければ話にならない。

しかしこれは大変よく起きることである。そもそもデータを取っていない場合があったり、データ自体はあるが整理されて使える状態になっていない場合がある。また、データがあったとしても、それを一部の者だけが独占しており、実質的に使える状態になっていない場合も含めてよいだろう。近年では政府や研究者等の努力により、多くのデータが得られるようになっている。「見える化」等のキーワードの下にデータが整理され活用できる仕組みが整えられつつある。例えば内閣府が提供している「経済・財政と暮らしの指標『見える化』ポータルサイト」は、政府統計がわかりやすい形で提供されており、物事を調べるのに有用だ。医療の分野では、例えば第4章で説明したＱＡＬＹを計算するために必要なＱＯＬ値のデータの整備が遅れていることはよく知られている。前の節で述べたように、ＱＯＬ値のデータとして「その国のデータが優先される」原則は日本でも同じで、日本の研究ガイドラインでも国内データが推奨される。反面、国内でＱＯＬ値を測定した研究はまだまだ数少なく、結果的には海外のデータに頼る場合も多い。

「正しいデータ」や「正確なデータ」が得られるかどうかは関連した深刻な問題である。先述のＱＡＬＹに関連して、医療経済学者が経験するおそらく最も典型的なデータ問題は、健康の指標がデータに含まれていない、もしくは非常に不十分というものであろう。究極的な研究の問いが人々の健康に置かれている研究者にとって、これは致命的であるのだが、実はよくあることなのである。医療技術評価に限らず、「何々の政策が人々の健康に及ぼした効果」や「社会における健康の不平等」といった研究には健康の指標が必要になる。しかし、健康をどう測るか、という問題は大変難しい問題で、ましてや一般的な調査票による調査でこれを詳しく調べることは現実的ではない。そこでよく使われるのが「主観的健康度」と呼ばれる、自らの健康を【良いor普通or悪い】といった具合に主観的に記述したものだ。主観的健康度は実際の客観的な健康度と相関していることはよく知られているが、しかしながら、たとえ医療や健康の問題に詳しくなかったとしても、個人個人が自らの健康をどう評価するかは個人差が大きいし、客観的な健康度以外の要因、例えばその人の性格や既往歴、周囲の人々の健康、あるいは言語文化等が内生的に関わってくることは容易に想像できよう。

肥満や喫煙をトピックとして扱う場合にも、例えばBody Mass Index（ＢＭＩ）といった身長と体重に基づく簡便な指標がデータに含まれていたとしても、それらは実際に計測したものではなく回答者の自己申告に頼っていることが多い（体重を実際よりも低く申告するのが人情というものだ）。また、ソフトドリンクやタバコの消費量を知りたくても、多くのデータでは過去の一定期間（例えば２週間）についての消費量の記憶に基づいた自己申告であったり、またその消費によって健康や疾病に影響があったかどうかについては、データがないためわからないことが大半である。

こうした計測上の問題を解決するためには、巨額の費用を使ってデータを取るか、データを取る対象（サンプル）を限定するかである。そのサンプルが国や自治体全体を代表しているといえるかどうかは非常に重大な問題である。例えば、本当に知りたい情報は「国全体で何が起こるか」だったとしても、いろいろな事情でデータの取りやすい対象にデータ収集を絞ることは研究の実施上起こりうる。エビデンスの供給者（多くの場合研究者）は、そうしたデータから得られた結果を過度に一般化してしまいがちだ。つまり、得られたエビデンスは特定の文脈を持つ一部のグループにしか対応しないのに、そこで得られた結論が国全体にも対応するかのような誤解を与えてしまうリスクがある。この場合、厳密には、相変わらず国全体のＥＢＰＭに必要なデータは存在していないのだ。エビデンスの適用可能性（transferrability）をどの程度まで認めるかはその政策の文脈によるため、事前に得られる明確な答えはなくケースバイケースである。「何もないよりマシ」とするか「不十分」とするか、意思決定者に判断が委ねられる難しい問題である。

(2) エビデンスの質が悪い

エビデンスと一言でいってもさまざまなレベルのエビデンスがあることはＥＢＭの説明ですでに述べた。意思決定者にとっての深刻な問題のひとつに、質の高いエビデンスが得られないという供給上の問題がある。質の高いエビデンスを得るための最も重要な条件は質の高い（政策の文脈に合致した）データを得ることである。しかしこれは先述の通り難しい。別の問題として、たとえ質の高いデータがあったとしても、その分析に問題がある場合にエビデンスの質が悪くなってしまうという分析手法上の問題もある。こちらの問題に対しては、分析テクニックを売るタイプの研究者にとっては腕の見せ所ではあるが、往々にしてマニアックになりすぎてしまい、同じような研究者の間での研究発表では問題なくとも、細かい手法まではわからない政策意思決定者には正しく解釈できない結果になってしまい、結果的に黙殺されたり誤解されてしまう危険性がある。より深刻な問題は、主に低中所得国では、基本的とされる分析手法でも使える人材が少ないことがある。そのような国ではデータの整備が遅れていることが多いため、得られるエビデンスの質はますます悪くなってしまう傾向にある。

(3) 不確実性が大きい

データの質にも関連するが、データから得られた結論にあまりに大きな不確実性がある場合には意思決定を下すのが難しい。ほとんどすべての政策で、エビデンスに不確実性は避けられない。不確実性にはさまざまな種類がある。はじめに、将来のことは結局のところよくわからないという典型的な不確実性の問題がある。医療経済学の知見はモデルを用いた分析によるところが大きいが、そのモデルが現実に起こることを予測できるのか、またモデルのパラメーターの推定量の誤差が大きいのではないか、といった問題には頻繁に遭遇する。

政策決定者にとって重要で代表的な不確実性は、あるエビデンスが、自身が考えている政策の文脈と合致しているか否かだ。これは先述したエビデンスの適用可能性に関するものである。外国で得られた治験の結果が日本にも適用できるであろうか、○○年に××県のデータから得られたエビデンスは今年の全国での政策に使えるだろうか、といった問題だ。多くの場合、政策の成否は文脈や経緯に強く依存するため、文脈を排して得られたエビデンス（例：ラボ実験）や、あえて特定の文脈を狙い撃ち的に利用して得られたエビデンス（例：自然実験等を用いた研究）の含意が常に成立するという保証はまったくない。結局のところ、現時点で得られる偏りのない最良のエビデンス・ベース（最も発展した一個のエビデンスではなく、それも含めて現状で得られるエビデンス全体のこと！）を活用して、不確実性の中で意思決定を行うしかないのである。そして、政策決定者はその意思決定過程と結果について説明責任を負う。

（4）的外れ・時代遅れ

手元にあるエビデンスがいま本当に必要とされているものか、判断が難しいところである。経済学のエビデンスで有りがちな問題は、研究の目的が必ずしも政策のエビデンスを提供することではないため、特定の政策を考える上ではあまり使えそうにない、という可能性が高いことである。例えば、ある経済理論をテストするためにデザインされた実証研究の結果を、たまたまトピックが被っているからといって関連する政策にそのまま使えるわけではない。また、政策の目的に合わせて手元のエビデンスを目的に合致するように調節することは通常はできない。さらに、先述の通り、エビデンスが作られる過程で前提としていた条件や文脈が、考えられている政策の文脈と大きく異なるのであれば、そのエビデンスの含意は的外れになってしまう可能性が高い。現実の政策が文脈に依存することは多くの人が認めているところであるが、成熟していないＥＢＰＭにおいては、文脈等の前提条件を吟味せずにエビデンスの結論のみが過剰に一般化されてしまうことがあるため、注意が必要である。

通常、研究が行われてエビデンスと認められるレベルに達するまでには長い時間を要する。論文が査読を経て専門誌に載った段階をもってひとつの目安とすることが多い。1つの研究プロジェクトの開始から終わりまでに要する時間は、分野ごとに異なるとはいえ、どの分野でも最低でも1年以上はかかってしまう。また、それにかかる時間を事前に正確に予測することはほぼ不可能である。その一方で、政策の形成や実施にはスケジュールが事前に定められるため、エビデンスができるころには政策スケジュールが過ぎているということは往々にしてあることだ。もちろんそうした時機を失したエビデンスが完全に無駄骨になるわけではなく、政策の見直しや改善方法を考える上での有用な資料にはなる。それでもなお、エビデンスの作成に時間がかかるため、政策スケジュールとのタイムラグにより十分にその知見が政策に反映されない問題は深刻だ。

(5) 政策が複雑すぎて評価できない

ＥＢＰＭにとって重要とされるツールのひとつに政策インパクト評価がある。通常、インパクト評価の問いは単純で、その政策には目的とする効果があったかなかったか、あったとしたらどの程度か、なぜそうなったか、というところにまとめられるであろう。インパクト評価の実施に当たって重要な要素に、政策の効果が発現する対象に対する政策以外の効果を可能な限り除外するということがある。理想的なのは、評価対象の政策以外は何も実施されておらず、政策以外の変動はすべてランダムとみなせる、といったランダム化比較実験が前提としている設定である。

しかし多くの政策ではこれは当てはまらない。例えば、多くの政策は財政年度のはじめに施行される傾向にある。日本では4月1日だ。例えば、ソフトドリンクに対する課税は肥満を予防するか、という政策的な問いがあり、それに対するエビデンスを提供したいときに、4月1日は政策実行の境目となる重要な意味を持つ。ところが、4月1日は多くの人にとっては就職・就学等の境目の日でもあり、税金とは関係なく、この日を境に生活習慣が変わる人はいる。理想的には、こうした効果を排除するために、政策の影響を受けない比較群が設定できればよいのだが、多くの政策は全国一律に実施されるため比較対照は存在しない。また、4月1日に施行される政策が税金だけならよいのだが、肥満や健康に関係する別の政策が同時に施行されることはよくある。実際に、異なる政策の相乗効果を狙ってそのように施行されることもある。このような複雑な状況下において、当初の「ソフトドリンクに対する課税は肥満を予防するか」という問いに対してインパクト評価により十分なエビデンスを提供することは非常に難しくなってしまう。

(6) 測定できない要素が多い

ＥＢＰＭに対する批判として、エビデンスが得られるもの、得られやすいものを中心とした議論に陥りやすいということがある。エビデンスの供給者は、測定できないものを扱って定量分析することはできないため、まずは測定できる対象にしぼって研究を行うことになる。したがってエビデンスはそこに偏る。しかし、測定できないものが測定できていないのにはそれなりの難しい理由があるため、測定しようとする努力は成功しない可能性が高く、また不完全にしか測定できないものについてのエビデンスは「質が低い」と評価されがちである。例えば、医療技術評価におけるＱＡＬＹの測定は困難ではあるものの可能である。しかし、意思決定上、ＱＡＬＹと同様に重要な社会的価値判断、例えば健康の平等性やアクセス、満足度、その他倫理的な側面は測定することがより難しい。さらに、新製品の革新性や経済成長に与える影響については測定がいっそう難しい。実際に、費用効果分析のほぼすべてでこれらの価値判断は考慮されないことがほとんどだ。よってこれらの要素は総合評価の枠組みの中で意思決定に加味されることになるのだが、エビデンスの問題としてはＱＡＬＹや費用といった計測しやすいものに議論が集中しがちである。

測定できないものに対する評価は極端になってしまう危険性がある。一方の極端な発想は、エビデンスがあるものだけを取り上げ、エビデンスがないものを黙殺することである。もう一方の極端な発想は、エビデンスとは関係なく声の大きさや政治的な力によってその値打ちが決められてしまうことである。社会的・個人的価値等の主観に基づく指標は正確な測定が難しいため、「客観性」を重視する意思決定の枠組みでは軽視されがちだ。一方、科学的なエビデンスよりも政策担当者の経験等に基づくエキスパートの見解を重視する（日本やヨーロッパにおける）より伝統的な意思決定においては総合的な判断がなされる余地があるが、この場合は意思決定者の説明責任や政策決定プロセスの透明性が確保されにくい。意思決定者の評判がそれほど高くない（国民をはじめとしたステークホルダーの不信感が強い）場合には客観的なエビデンスを用いた意思決定方法への要望が高まりがちである。その際、測定できる指標のみを過剰に強調した偏った政策形成にならないよう、成熟した議論が必要となる。

需要側の要因

ここまでＥＢＰＭが進まない原因の中で、エビデンス供給側の問題について議論してきた。ここまでの議論だけでも前途多難であることがわかるが、実はより深刻なのは「需要側」の問題である。供給側の要因の多くについては近年急速に状況が改善されてきていることはこの章ですでに述べた。また、これまで解説してきた通り、多くの問題は単に技術的であったり、努力を続けさえすれば時間を通じて改善することが明らかなものである。その一方で、需要側の問題は、たとえ素晴らしいエビデンスがあったとしても解決できる問題ではなく、またそのような問題がある理由は歴史や文化に深く根差しているため改革が難しい。さて、需要側の問題としては以下の5つについて議論することにする。すなわち、①必要にせまられていない。②政策は目標ではなくイデオロギーに基づく。③政策日程に合わない。④組織文化に合わない。⑤使い方がわからない。それぞれについて医療分野における具体例とともにみていこう。

（１）必要にせまられていない

ＥＢＰＭの推進が政府全体の目標となっていたとしても、多くの省庁においてはその必要に迫られていない。ＥＢＰＭを本格的に実施しなくてはならない必要に迫られているのであれば、省庁の自発的な対応としてエビデンスを利用した意思決定が行われるはずである。しかし必ずしもそうはなっていない。

ＥＢＰＭをはじめ、意思決定に客観性が求められるのは、国民をはじめとするステークホルダーからの意思決定者の資質や判断の正確性・公正性への不信感が強いからである。その場合、政策担当者の自己防衛方法は、自身の決定が自身の個人的な事情によってなされたものではなく、同じ判断材料があれば誰でも同じ結論にたどり着くはず、という意味での決定の「客観性」を示すことで説明責任を果たすことである。科学的なエビデンスは自身の判断に客観性を持たせる上で有力な道具である。一方で、エビデンスに拠ることは自身のエキスパートとしての判断の価値を相対的に貶めてしまうものであり、またエビデンスは常に完璧ではないがゆえにそれも意思決定上のリスクとなり得ることはすでに述べた。

医療や健康の分野においては、医療過誤や財政問題等をはじめとした多くの問題により、個々の医師や政策担当者の判断に対する国民の信頼が揺らぐ事件が近年多かった。また、医療や健康はすべての国民にとって自身に直接関係する日常の問題であり、それゆえ関心も高く、批判も集まりやすい傾向にある。例えばＨＴＡに関して、日本での本格的導入を議論するきっかけが、医療財政の逼迫だったことは間違いない。抽象的な「財政の逼迫」という話題が具現化し、導入に関して「追い風」となったのは、２０１４年以降の超高額医薬品の登場である。とてもよく効くが、とても費用が高い医薬品の公定価格をどのように定めるかという問題は、政府でも厚生労働省だけでなく官邸（経済財政諮問会議）が積極的に議論に関わり、またメディアによる報道も多く、国民的な関心事であった。医薬品の価格付けにおける従来の決定方法に対する不信感がこれほど高まったことは過去にない。これに反応する形でＨＴＡの政策導入の議論が本格的に進んだ。はじめの試行的導入時に、費用対効果のデータ提出対象として選ばれた医療技術は、どれも高額であったり企業の利益率が高いものであった。それ以前の中医協は、製薬企業が費用対効果のエビデンスを提出したとしてもそのデータを活用していなかった。それを使う必要に迫られなかったからだ。

国民的な関心や圧力にさらされやすいのは、教育や環境分野も同様である。医療、教育、環境等の分野において、エビデンスによる政策決定が進みやすいのはこのためで、逆に国民の批判やプレッシャーにさらされにくい分野においては客観性に対する要請が低いため、ＥＢＰＭは進みにくい。

ＥＢＰＭに対するこうした考えは歴史家のセオドア・ポーターによって90年代にはすでに提唱されていたが（ポーター　２０１３）、少なくとも日本における現在のＥＢＰＭの議論では、「ＥＢＰＭは政策の質を高めるために省庁が自発的に進めるべきもの」という考え方が根強くあるような印象を筆者たちは持っている。それも必ずしも間違いではない。しかし、ＥＢＰＭは政策の質を高めるためのものというよりは、不信感や圧力に迫られて仕方なく採用するもの、という意味合いがある。（限界のある）エビデンスに基づく決定が、（限界のある）エキスパートの見解に基づく決定よりも常に優れるという確証はないのだ。しかし、ＥＢＰＭによって説明責任と意思決定プロセスの透明性を確保することはできる。そこにＥＢＰＭの値打ちがある。ただし、政策決定の責任は常に意思決定者にあることを忘れてはならない。エビデンスもエキスパートの個人的な見解も、意思決定上の判断材料にすぎないからだ。

(2) 政策が目標ではなくイデオロギーに基づく

研究者は、すべての政策には具体的な目標があるはずと考えがちだが、実際にはそのような目標はなく政策が実行されることはある。例えば、いわゆるアベノミクスの成否に対してのエビデンスはないが、特定の目標設定があるわけではないし、エビデンスを求めること自体が要請されていない。医療政策においては、例えば特定のグループの医療の自己負担無料化といった政策は、もちろん対象となるグループの医療アクセスを高めるという効果は期待できたとしても、健康のためというよりは選挙のために実施されると考えた方が合点がいく場合もある。いまや全世界における共通の目標となった国民皆保険／保障（universal health coverage：ＵＨＣ）も、選挙公約として票集めのための政策として実施される側面がないわけではない。ＵＨＣの達成には強い政治的なリーダーシップが必要とされているが、それは強い政治的な利害関係に基づかなければ成功が難しいことでもある。政策がイデオロギーに基づいて行われるとき、エビデンスの重要性は比較的小さくなる。エビデンスはイデオロギーとは関係のない、事実の測定だからだ。そのような政策が重視される場合にはＥＢＰＭは進みにくいかもしれない。たとえ進んだとしても、良心から作られた科学的なエビデンスは、ともすると政敵を論破するためにご都合主義的に使われる、主張を客観的にみせかけるための道具として歪められてしまうかもしれない。

(3) 政策日程に合わない

これは「供給側」の問題においても議論したが、エビデンスの作成には時間がかかるため、政策決定上本当に必要なときにはエビデンスはなく、エビデンスができたころには時代遅れのものとなってしまう可能性がある。こうした可能性が高ければ、そもそも政策日程に合わないエビデンスによる政策を行うことはできないし、エビデンスを利用する機運も高まらない。医薬品の承認や保険適用において常に課題となるドラッグ・ラグの問題は象徴的である。費用対効果のエビデンスを待って意思決定を遅らせている間に、新薬へのアクセスが阻害されて国民健康が損なわれてしまう、という問題である。これに対しては、例えば英国では抗がん剤についてはCancer Drugs Fund（詳しくは第６章）という政府の基金を設立し、ＮＩＣＥによる判断を待っている間はこちらの基金から費用を支出するといった工夫が行われている。また、ＮＩＣＥでは、意思決定の時期にエビデンスが不十分であると判断された場合には、当該の医薬品を研究上の使用のみ認めて様子をみる、という措置も意思決定のオプションに加えている。ただし、これらは先進的な事例であり、常にこのような妥協案がみつかるわけではない。

（４）組織文化に合わない

日本では特にそうなのだが、外国の例をみても、科学的なエビデンスを政策導入や見直しに十分に活用するような組織文化は一般には形成されてこなかった。話し合いや協調性、また異なるステークホルダーの利害調整が重視される組織文化にあっては、「科学的な根拠によって白黒つける」といったエビデンスの使い方はなじまないし、ともすると無用の摩擦を生むことにつながってしまう。日本の中医協のあり方は、医療提供者と患者、公益の各代表者による話し合いという、まさに利害関係の調整を組織の成り立ちの軸としているが、そのような組織においてエビデンスをどう扱うのかは神経質にならざるをえない問題である。「話し合いのための資料のひとつ」としての成熟されたエビデンスの使い方が浸透してくることによってこうした問題が軽減される可能性はあるが、あたかも「エビデンスが政策を決める」というような乱暴な印象をＥＢＰＭが持たれているとすれば、組織の文化や成り立ち上の拒否反応が出てしまうのは無理もないことであろう。

（５）使い方がわからない

需要側の問題の最後は、他の問題と比べて比較的実践的であるのだが、エビデンスが提供されたとしてもその解釈ができない、また使いどころがわからない、という人材育成上、また意思決定プロセス上の問題である。政策担当者の多くはエビデンスの作成や解釈について必ずしも専門的な教育を受けているわけではない。しかし、実際に医療経済学で頻出するエビデンスの正確な解釈には、研究の文脈や動機といった前提条件に加えて、データや分析手法についてある程度高度な知識を要する。それらはその道の研究者であっても難しいので、他の業務に忙殺される政策担当者にそれを求めるのは無理難題といえる。低中所得国では政府のエリートといえども専門的な教育の機会が限られるため、特に深刻な問題である。

また、意思決定のプロセスにおいてエビデンスの使用が明示的に規定されていなければ、政策担当者はどこでエビデンスを使ってよいかがわからない。医療における医療技術評価においてはどの国でも比較的明確にエビデンスの使いどころが規定されている。それは新薬の価格付けであったり保険適用の決定であったりする。一方、「ナッジによって過剰飲酒を防げるか?」といった問題に対しては政策決定プロセス上に明確な使いどころがなく、そのエビデンス自体は有用であったとしても、活用が難しい。

医療技術評価とナッジにおける政策決定上の顕著な違いは、エビデンスを政策に使うための制度の有無である。例えば、英国のＮＩＣＥは公的医療制度（National Health Service：ＮＨＳ）の運営上はっきりと規定されており、その決定には実質的な強制力がある。それゆえＮＩＣＥがエビデンスやその他の判断材料から導き出した結論は、実際に政策に適用されることがはじめから定められているのだ。その一方で、それに倣って後に英国内に作られた機関（What Works Centre など）

が出すエビデンスや、政府の予算を使った研究によるエビデンス（日本の厚労科研に相当）については、必ずしもそれらが実際にどう政策に使われるかについての明確な規定がないことが多く、エビデンス自体は有用な情報である可能性はあるものの、実際の政策では活用されない可能性も大いにある。日本においても１９９２年から、新薬の薬価算定において企業が費用対効果のデータを国側に提出すること自体は認められていた。実際、導入直後の数年間は30％以上の新薬にデータが添付されていた。しかし、２０００年代以降は５％を下回る状況が続いた。データ添付の有無と、薬価算定上有利な結果（高薬価）が得られたかどうかの関係を企業へのアンケート調査で評価した分析（坂巻他　２００１；池田・小野塚　２００５）では、いずれも「関連なし」という結果であった。池田らのアンケート調査で「データ添付あり」と回答された19品目のうち、「価格には何ら影響しなかった」ものが15品目を占めている。費用対効果のエビデンスの使われ方が規定されていなかった状況では、政策活用や関連研究が進まないのも当然といえる。近年になって費用対効果のエビデンスが価格調整に用いられることが規定されたことは、日本の医療政策におけるＥＢＰＭ実行上の大きな一歩といってよい。

５－６　おわりに――エビデンスとの付き合い方

質の高いエビデンスは、政策実行のための必要条件ではあるが、十分条件ではない。さらに、その政策実施が差し迫ったとき、政策決定者は万全なエビデンスができるのを待てない場合もある。

現実の政策決定はさまざまなエビデンスを活用する形で進められるのだが、個々のエビデンスに長所短所があり、完全なものは存在しない。また、エビデンスだけで政策が決まる、ということもなく、政策決定者は自分の国や地域における政策の必要性（政治的事情も含む）や、自身のエビデンス全体への評価をもとに決定を下す。つまりエビデンスは政策決定のために有用な情報を提供しているにすぎず、エビデンスが独裁的に政策を決めるわけではない。まして、現実的に得られるエビデンスは完璧ではないため、独裁的に政策を決められるだけの価値も持たない。それでは究極的にエビデンスは不要なのか、というとそうではない。政策決定者のテーブルの上に、客観的な（しかし限界もある）エビデンスの情報があるということは、最終的な政策意思決定の説明責任を高めることになるからだ。しかし、その決定は政策決定者にあり、エビデンスにあるわけではない。前述した『Clinical Evidence』の“We supply the evidence, you make the decisions”は、エビデンスとの付き合い方を見事に表現している。

先述の砂糖税の例では、特に米英豪等の関連学術研究が盛んな国においては、実験研究や観察データの分析研究が飽和している感があり、しかもその多くが政策の実施を推奨する結果を出しているにもかかわらず、政策が国レベルで実施されているわけではない。一方、肥満問題が特に深刻なメキシコやチリにおいては、国内でのエビデンスがかなり限られているにもかかわらず、先述の国々に先駆けてこの政策が実行された。

費用対効果評価をもとにして医療技術の給付の判断を行う英国のＮＩＣＥは、英国が生んだ最も成功した文化的遺産のひとつといわれているが、設立当初から成功が約束されていたわけではない（Timmins et al. 2016）。当時の保健大臣であるフランク＝ドブソンは、ＮＩＣＥが機能するかどうかという質問に対して、“Probably not, but it's worth a bloody good try”（おそらく駄目だろうが、本気でやってみる価値はある）と答えている。批判を承知でいえば、政策の実施と成功には、ある程度のギャンブルがつきものなのである。

医療制度の財政負担は日本ではいっそう深刻な問題となっており、費用対効果のエビデンスに基づき、給付の意思決定に役立てるという政策の仕組みの必要性は認識されている。一方で、「新しい評価手法を持ち込む体制は万全といえるのか」という指摘も少なくないが、万全になることなど未来永劫ない。ただし、費用対効果に基づく政策決定は、ＮＩＣＥをはじめとして諸外国ですでに実施例が多く、実施の際の利点や問題点も共有されている（ＷＨＯ ２０１５）。日本においても、可能な限りのエビデンスを集めて、少しずつでも進めていかなければならない。当初はうまくいかないこともあるかもしれない。そのときにマスコミなどが政策決定者を過剰に責めることのないように、建設的に発展させる仕組みも必要となる。また、政策決定者は自身の決定を正当化するために意思決定の透明性を図るべきだ。試行錯誤を繰り返しながら、制度をよくしていく態度を持つことが肝心だ。

6

医療政策に
社会的価値観を反映させる

6－1　はじめに

経済学研究の目的の多くは効率的な資源配分の達成にある。本書では、これまで「情報」、「行動」、「費用対効果」、「エビデンス」のキーワードのもとに医療費適正化や国民健康の改善など、効率性に関する議論を主に行ってきた。しかし第1章でも紹介したように、医療は多額の税が投入されるなど公共性の高い分野であり、また人々の健康・命を扱うからこその配慮も特に必要である。このことは、医療政策では資源配分の効率性に加えて、平等や倫理、正義といった社会的価値観についての考察が非常に重要であることを意味する。本章においては、医療経済学では、こうした社会的価値観についてどう考えているのか、またどう考えていくべきか、議論する。

客観的データから得られた知見を資源配分に活かす試みは、「エビデンスに基づく政策形成（evidence-based policy making：ＥＢＰＭ）」であり、政策意思決定の透明性を高めるためにも重要である。しかし、実際の政策決定には、多様な価値判断が反映されるべきである。そうした政策決定のプロセスとして、世界で最も導入例の多い（予算規模も非常に大きい）政策が第3章で紹介した医療技術を導入する際の医療技術評価である。第3章では、医療技術評価の中でも費用効果分析に重きを置いて解説を行った。費用効果分析では、通常はＱＡＬＹ（quality-adjusted life years：質調整生存年）を健康アウトカムとして、新しい薬や医療機器が既存の技術と比べて費用対効果に優れるかを判断する。

しかし、実際の医療資源配分ではQALYの最大化だけでは不十分である。社会的平等や倫理といった価値観も意思決定において重要な役割を果たすからである。それでは、実際の政策の場ではどのように価値判断を反映しているのだろうか。そこでの大きな論点はどのようなものなのだろうか。

6－2　価値尺度の役割

費用対効果か、救命か

公的医療制度を持つ多くの国は民主主義社会の形態をとっており、そこでは最大多数の最大幸福、つまり特定のグループではなく国民全体の健康の最大化が重要な目標となる。「費用対効果」に基づき効率的に医療資源を配分することは、この目標を達成するための手段のひとつだ。その一方で、希少疾患に対する治療薬をはじめとして、数字の上では必ずしも費用対効果に優れるとはいえない医療技術にお金をかけることが、倫理上の価値判断として妥当な場合もある。同様に、ヘルスケア産業における技術革新を促進することも公的医療の目標のひとつと考えるのであれば、そうした国民の健康増進以外の価値を制度運営に反映させることも可能である。

公的医療制度の中で、費用対効果評価を活用している国は多くある。当初は「その国の医療システムで、ある薬を運用するかどうか」、すなわち給付の可否の決定に用いられる例がほとんどだったが、近年は可否の決定だけでなく「値付けをいくらにするか」の公定価格の設定・調整機能も併せ持つようになっている。

公的医療制度では、薬や機器の償還価格（医療機関が行うサービスに対して保険者がいくら報酬を払うか）は競争市場で決まるわけではなく、国が決定することはすでに第3章で説明した。通常は、企業が給付を希望する医薬品について費用対効果に関するデータを提出する。国側もデータの「評価」を行う。「評価」を行う機関を、ＨＴＡ（health technology assessment：医療技術評価）機関と呼ぶ。ＨＴＡ機関は、費用対効果評価以外の情報も加味した上で給付の可否や価格設定についての推奨を出す。出した推奨に基づいて、保健行政機関（日本では厚生労働省）が最終の意思決定を行う。

費用対効果評価を企業が実施し、必要に応じてＨＴＡ機関自身（もしくは、そこから委託を受けた大学等の第三者機関）もレビューや再評価を行うプロセスをアセスメント（assessment）、その後に費用対効果「以外」の要素を加味した評価を行うプロセスをアプレイザル（appraisal）と呼ぶ。日本の議論では、前者のアセスメントに「分析」、後者のアプレイザルに「総合的評価」という訳語を当てている。

費用対効果評価のデータを公的医療政策に応用する際には、効き目のものさし（効果指標）として血糖値や解熱効果といった疾患領域に特定のものは使わず、ＱＡＬＹを使うのが最も一般的である。ＱＡＬＹの特性である「幅広い疾患領域の介入を、同じものさしによって評価できる」点は、医療経済の原点である「限りある医療資源の適正配分」という概念、あるいは「資源はすべての人の利益の総和を最大にするように配分されるべき」という功利主義の理念と親和性がある。ただし、英国やスウェーデンのように、ＱＡＬＹを必須とする国と、フランスやオーストラリアのようにＱＡＬＹを推奨しつつ、他の効果指標（例えば生存年数：life year など）での評価も許容する国とに分かれる。

資源の最適配分の原理を忠実になぞれば、「どのような状況下で得られた１ＱＡＬＹも、同じ価値として扱うべきである。それがＱＡＬＹの考え方である（A QALY is a QALY is a QALY）」（Weinstein 1988）という考え方に帰着する。この場合は、老若男女を問わず「元気に１年間生きること」は等価となる。また、「今すぐ死亡する人を、１年だけ元気に延命させられる薬（１年×1.0＝１ＱＡＬＹ）」と、「今のままでもＱＯＬ値が0.9で10年間生きられる人を、余命はそのままでＱＯＬ値を1.0まで上げられる薬（10年×0.1＝１ＱＡＬＹ）」も、同じ価値として議論されることになる。

しかし、原則を貫いて「すべての１ＱＡＬＹを等価とみなす」ことには異論もある。その代表格が rule of rescue（救命原則）、すなわち「ある人が死に直面しているときに、それをもし回避できるのならば、いくらコストがかかったとしてもその人を救うべきである」という原則である（Jonsen 1986; Hadorn 1991）。この場合、救命に伴って得られる１ＱＡＬＹの値打ちは、それ以外の１ＱＡＬＹの値打ちよりも高いと判断される。救命につながる介入を最優先すべきという rule of rescue の概念は直感的にはなじみやすいが、反面、「目の前の危機を救う介入」が、「潜在的な危険を回避する介入（予防など）」より常に優先されうるという危険性もある。別の例としては、ＱＡＬＹが障害者や高齢者の差別につながるという主張もある。まず障害者については、マンチェスター大学のジョン・ハリスらが指摘する「double jeopardy（二重苦）」の問題がある（Harris 1987）。すなわち、障害者はまず障害そのものの存在によってＱＯＬが低下する（１つ目の苦難）。そして、ＱＯＬが低下しているために、「障害者を救命する介入」よりも「健常者を救命する介入」のほうで獲得ＱＡＬＹが大きくなり、結果的に障害者に対する介入の優先順位が下がる（２つ目の苦難）。同様に高齢者は、目立った病気がなくてもＱＯＬが若干低下しており、なおかつ余命も短いため、やはり介入の優先順位が下がる可能性が生ずる。障害者・高齢者が不利になることが指摘される一方で、高齢者を「十分な期間、人生における適正な活動時間を享受した」と考え、一定年齢に達した高齢者への資源配分の重みを軽くするべき(fair innings argument)という考え方もある(Farrant 2009)。

英国のアプレイザルの実際

ここまで紹介してきた理論上の未解決点に加え、実際の医薬品・医療技術の評価を考えると、評価基準をＱＡＬＹにすること自体は合意があるものの、"A QALY is a QALY is a QALY" の理念を忠実に適用するのは困難を伴う。さらには画一的に費用対効果の閾値（英国ＮＩＣＥ［National Institute for Health and Care Excellence］であれば、１ＱＡＬＹ獲得当たり2～3万ポンド）を当てはめて政策決定を行うことも、非現実的である。もっとも、「等価でないとすれば、誰の１ＱＡＬＹを優先するのか？　さらに、優先するとしたときにその基準の定量化は可能なのか？」という問いかけに、答えを出すことは大変困難である。それゆえ、費用対効果「以外」の要素を定性的に考慮するアプレイザル（総合的評価）のプロセスが、実際の意思決定では非常に重要になる。[*1]

アプレイザルで組み込むべき「費用対効果以外の要素」は、ＨＴＡ機関によっても異なるが、英国の例では、以下の５つの要素が例示されている。①ＩＣＥＲ（incremental cost-effectiveness ratio：増分費用効果比）の不確実性の程度（degree of uncertainty）、②患者のＱＯＬの変化を適切に測定できているか否か、③ＱＡＬＹでは十分に捕捉しきれない革新性、④「終末期特例」に該当するか否か、⑤健康面以外に公的医療制度にインパクトを与える要素があるか否か、の５点である。

このうち③の革新性については、日本でも企業や一部の研究者から頻繁に主張されるところである。しかし実際のＮＩＣＥの評価事例からみると、革新性（innovative nature）そのものは認めているものの、「ＱＡＬＹもしくはＣｏｓｔ／ＱＡＬＹの軸で十分に捕捉しきれない」という条件を

＊１　費用効果分析とは独立して総合評価部分で価値判断を行うという方法の他にも、価値尺度によってＱＡＬＹを重み付けることによって費用効果分析のフレームワークに入れてしまおうという試みもある。例えば、健康の社会的不平等を回避する選好を経済実験などによって測定し、それを尺度としてＱＡＬＹを再評価するdistributional cost-effectiveness analysisと呼ばれる研究がある（Asaria et al. 2015）。

満たしていないとして対象外となる例が多い（２０１７年７月現在のＮＩＣＥの評価で、革新性が認められたのは86件。しかしそのうち55件は、後者の条件を満たしていないと判断され、特段の考慮はなされていない）。例えばイノベーションによって生命予後やＱＯＬが著しく改善するならば、当然ＱＡＬＹ増分も大きくなり、ＩＣＥＲは改善するであろう。また、技術革新によって重篤な有害事象が減るならば、ＱＯＬの改善と治療費の削減が見込めるため、やはりＩＣＥＲの改善につながる。Ｃｏｓｔ／ＱＡＬＹのものさしを当てはめた際に、費用にも効果にも影響しないが、誰もが革新性を認めるような医療技術は想像しがたい。仮にそのような技術があったとしても、公的医療において本来の健康への恩恵を上回る値打ちをつけることを正当化できるかどうかは、意見が分かれるところである。ＮＩＣＥ本体の革新性の有無の判断も、やや流動的な部分がある。例えば脂質異常症の新規治療薬（ＰＣＳＫ－９阻害薬）については、「新規の作用メカニズムの薬剤で、ＬＤＬコレステロール値を既存薬よりも大きく改善する」ことをもって革新性があると結論している（NICE 2016）。一方で肺がんのオプジーボには、「臨床的な作用および臨床効果の双方で革新性を持つといえる」と認めつつも、「通常の経済評価で捕捉しきれない要素は存在しない」と結論し、特段の評価は与えていない（NICE 2017）。２０１８年後半から２０１９年前半にかけて相次いで給付が認められたＣＡＲ－Ｔ療法（キムリア、イエスカルタ）に関しても同様で、革新性そのものは認めつつも、特段の評価は行わなかった。

先に述べた「１ＱＡＬＹの価値は等価か？　等価でなければ、誰を優先すべきか？」の問いに対応するのが、④の終末期特例である。「終末期、すなわち余命の短い患者にとっての延命効果は、他の人のそれよりも優先されるべき」という価値判断はありうる。しかし終末期の患者への延命効果をQALYで測定した場合、前述の高齢者や障害者と同様、不利になる可能性が高い。余命が短い患者である以上、そのときのQOL値はすでに大きく下がっているであろう。例えばQOL値が0.3だったとしよう。このとき、新薬によって生存年数が半年間（0.5年）伸びたと仮定する。生存年数をものさしにすれば増分効果はそのままプラス0.5年だが、QALYをものさしにした場合、プラス0.5年にQOL値0.3がかけ算されることで、増分効果は0.5年×0.3＝0・15QALYと小さくなる。ICERは増分費用を増分効果で割ったものとして算出されるから、増分効果（分母）が小さくなればそのままICERは大きくなり、費用対効果は悪化する。すなわち、単純に1QALY当たりのICERのみで考えれば、終末期の延命治療の優先順位は低くなる。その一方で、終末期の患者の延命に高い価値を付与することは、rule of rescue の発想からは自然でもある。これを具現化したのが、終末期特例である。

英国における終末期特例は、「余命2年未満」と「介入による延命効果3カ月以上」の2つの条件を満たした場合に適用される。なお延命3カ月以上の条件は比較的柔軟に扱われており、「1カ月でも余命が伸びれば非常に価値がある」ような疾患であれば、3カ月の延命がなくても適応の対象となる。特例適用の条件を満たした場合には、延命分には同世代の元気な人と同じQOL値を当てはめることができる。先ほどの例で、元気な人のQOL値が0.9だとしたら、本来の増分効果は0.5

年×0.3＝0・15QALYだが、この特例が適用されると0.5年×0.9＝0・45QALYとなり、増分効果（分母）が大きくなる分だけICERは小さくなり、償還されやすくなる。2017年7月現在で86件に適用され、うち39件が推奨されている。より重要な点として、この終末期特例が適用されると、「費用対効果に優れる」と判断するためのICERの閾値も甘めに、すなわち引き上げられる。これまでの実績をみると、本来2～3万ポンド／QALYとされてきた閾値は、実質的には5万ポンド／QALYまで引き上げられている。2009年から2013年までに終末期特例の対象になった20件の評価結果をまとめた英国のジョージ・スチュアートらの研究によれば、給付が認められた12件のICERはすべて3～5万ポンドの範囲であった（Stewart et al. 2014）。QOL値だけでなく閾値も大幅に緩和することで、重要度の高い終末期の医薬品へのアクセスが確保されているのである。

rule of rescue の概念に近い終末期の患者については、（少なくとも英国では）優先的に評価することについてのコンセンサスが得られたと考えてよいであろう。では、終末期以外の介入・患者はどうであろうか。この点について、NICEは2014年に終末期特例の拡張を提案する形で、1つのアイデアを出している。「幅広い社会的な利益（wider social benefit）」や「疾病負担（burden of illness）」などを反映させるべきという議論だ。社会的利益や疾病負担が他疾患よりも大きな領域ならば、終末期でなくても閾値を引き上げることを基本とする。終末期以外の患者にも、優先的に取り扱う対象を広げる試みとして注目されたものの、実運用上では問題点も多く指摘され、現在

表6－1　英国NICEの2011年までの評価から推計された疾患領域ごとの「非推奨確率が50％になるICER」

領域	非推奨確率50％点のICER
呼吸器系	£20,356
循環器系	£37,950
がん	£46,082
感染症	£49,292
筋骨格系	£55,512
その他	£32,263

出所）Dakin et al.（2015）

は撤回された形になっている。

第3章でも紹介したが、終末期特例その他、個別の事情を考慮したアプレイザルを経ると、実質的な閾値は公表されている2～3万ポンド／ＱＡＬＹとはやや乖離してくる。実際の評価結果から、現時点での閾値を再評価したのが英国の医療経済学研究所（Office of Health Economics）のヘレン・デーキンらの研究である（Dakin et al. 2015）。２０１１年までの評価結果をまとめると、給付が非推奨となる確率が50％となるポイントは４万ポンド／ＱＡＬＹ付近であり、「３万を超えたらよほど強い理由がなければ給付を推奨しない」という公式見解よりもやや柔軟に運用されていることがわかる。

さらに、この50％ポイントを疾患別に見た場合、表６－１に示すように呼吸器系（2.0万ポンド）から筋骨格系（5.6万ポンド）まで、疾患によっても判断が異なる。がん領域は4.6万ポンドで、全疾患での４万ポンドよりもやや高い。企業側からよく主張されるような「抗がん剤が不当に低く評価されている」事実がないこともわかる。すなわち、「抗がん剤が不当に低く評価されている」

のではなく、「もともと抗がん剤は費用対効果が悪いため、給付が認められないものが多い。条件をそろえれば、むしろ他の薬剤よりも甘めに評価されている」といえる。

英国以外の国でも、明示的・黙示的を問わず、疾患や薬剤の特性に応じて基準値を変動させることは一般的に行われている。例えばオランダZIN（Zorginstituut Nederland：オランダ・ヘルスケア研究所）は、疾患の重篤度に応じて基準値を2万ユーロ・5万ユーロ・8万ユーロの3つから選択して適用する。また第3章で述べたように、韓国HIRA（Health Insurance Review and Assessment Service：韓国のHTA機関）の黙示的な基準値は重篤な疾患とそれ以外の疾患とでほぼ2倍（4000万ウォンと2000万ウォン）まで変化する。

日本の試行的導入においては、価格引き下げの開始点が疾患・薬剤を問わず500万円／QALYに固定されていた。引き下げ開始点が500万円・引き下げ終了点が1000万円であることを指して「海外と同様、複数の基準値が設定されている」とする見方もあった。しかし諸外国の「複数の基準値」は、同じポイント（例えば、引き下げ開始点）に対して複数の数値を用意しておき、その中から個別品目ごとに1つを選択するやり方で、諸外国の実態とは根本的に異なっており、実質的には閾値を単一の値に固定する日本独自の手法であった。2019年からの本格導入では「引き下げ開始点」を通常薬剤では500万円・抗がん剤や小児対象疾患の治療薬では750万円と、複数の基準値を設ける方法へ変更され、諸外国の運用方法に多少は近づいたといえる。

意思決定への患者の関与

意思決定過程に誰が関与するか、特に患者がどのように関与するかも論点になる。英国ＮＩＣＥでは、Technology Appraisal Committee には、明示的に患者が参加している。通常のメンバーには、一般市民からの代表がもともと2名含まれている。これに加えて、個々の評価ごとに、関連領域の患者団体から委員をＮＩＣＥが招聘する。

もっとも、患者の意見が意思決定を「覆した」例は数少ない。費用対効果が極めて悪い（例えば、ＩＣＥＲが10万ポンドを超える）ときには、意見にかかわらず非推奨となろう。費用対効果が許容可能な水準を若干上回った場合に、患者の意見が反映された例としては乾癬（psoriasis）における例や、眼科疾患の例がある。乾癬では、臨床試験では「異常がみられる部位の広さ」が重視されていたが、患者にとって負担が大きいのはむしろ「顔など、特定部位での異常の有無」であった。眼科疾患では、片眼の視力低下でも日常生活に及ぼす影響は十分に大きいことが、患者代表から指摘されていた。

ＮＩＣＥのシステムでも、患者の意見がそのまま意思決定に反映されるとは限らない。むしろ、アプレイザルの場において、「患者にとってどのような側面がより重要なアウトカムであるか？見逃されているアウトカムはないか？」を十二分に議論する機会を設けることそのものが、主要の機能といえる。少なくとも議論参加の機会を保障することは、「患者の意見が全く反映されていない」というような批判を避けることにもなる。

患者の意見のくみ取りという点では、ＮＩＣＥ（イングランド）よりもスコットランドのＨＴＡ機関であるＳＭＣ（Scottish Medicine Consortium）のほうが、より「手厚い」といえる。ＳＭＣでは、希少疾病（orphan; ２０００人に１人以下、ultra orphan; ５万人に１人以下）や終末期（余命３年以内）の医薬品に関してＰＡＣＥ（Patient And Clinician Engagement）meeting のシステムを設置しており、unmet needs（アンメットニーズ、治療法が十分に整備されていない医療上の課題）や患者の利益に関して、患者代表が意見表明をする機会が確保されている。

似て非なる概念――費用対効果と財政影響

「費用対効果」と「財政影響」は、ややもすると経済性というくくりで同一視されがちな概念である。しかし、費用増分を効果増分で割り算して求めるＩＣＥＲと、純粋に費用増分をみる（あるいは、介入導入時の費用増加分と将来の費用削減分とを比較する）財政影響とは、１対１に対応するものではない。

例えば、「１人当たり１００万円かかるが、必ず0.5ＱＡＬＹを獲得できる薬」を考えよう。この薬の費用対効果（ＩＣＥＲ）は、投与患者数にかかわらず一定で、１００万÷0.5ＱＡＬＹ＝２００万円／ＱＡＬＹとなる。患者人数をＸ人とすると、ＩＣＥＲは「Ｘ人×１００万」÷「Ｘ人×0.5ＱＡＬＹ」となるので、人数Ｘ人は分母と分子で相殺されて値は変わらない。一方で財政影響は、対象患者数が１０００人ならば１０００×１００万＝10億円、10万人ならば10万×１００万＝

1000億円で、患者数に比例して大きくなる。保険者や国からみたときに、同じICER＝200万円の薬でも、「10億円増えて500QALYを獲得できる薬」と「1000億円増えて5万QALYを獲得できる薬」とでは、導入のハードルは変わってこよう。明示的に財政影響を評価基準に立てているHTA機関としてはタイHITAP（Health Intervention and Technology Assessment Program）があり、費用対効果の基準値（1QALY当たり18万バーツ）に加えて、財政影響の基準値（およそ2億バーツ）を設定している。

意外なことではあるが、英国NICEは近年まで費用対効果の評価において医療予算に与える影響を考慮していなかった。NICEが「推奨」した医薬品は、一定期間内にNHS（national health service：公的医療制度）で給付を開始することが義務付けられていた。ただし現場レベルでは、予算不足で供給体制が整わないことなどを理由に、患者の治療開始が遅れることも実態としては起きている。例えば在宅での人工透析などは、従前からNICEや患者団体がその導入を強く推奨しているにもかかわらず、地域レベルでは治療が受けられない（通院での人工透析が唯一の選択肢となる）事態が起きている。

この問題が顕在化したのがC型肝炎治療薬ソバルディである。ソバルディは費用対効果が良好であるとして、NICEは使用を推奨したが、1人当たりの薬剤費が高額かつ対象患者が多いことから、予算不足の問題が生じた。これを受けて、企業との交渉に加え、現場レベルではより緊急性の高い（すなわち、肝疾患が重症化している）患者から優先的に給付する形での対応がなされている。

２０１７年から導入された財政影響評価（budget impact test）と呼ばれる新制度では、年間の予測売上高が２０００万ポンドを上回る医薬品に関して、ＮＩＣＥからの推奨があっても国と製薬企業との間での「交渉」が妥結するまで、給付を先送りすることが可能になった。なお２０００万ポンドの「閾値（threshold）」はあくまで交渉に入るか否かの指標であり、「単一薬剤に給付できる金額が年間２０００万ポンドに制限される」わけではない。交渉が財政影響の緩和（すなわち、価格の引き下げ）を見越す形になるのは必然であるが、交渉結果は従前の患者アクセススキーム（patient access scheme）と同様、非公表となる可能性が高い。

ＮＩＣＥの新制度は、いうなれば「財政影響の大きい薬剤の場合は、費用対効果がよくても給付に条件を付ける場合がある」例である。この逆のパターン、すなわち「財政影響が小さい希少疾病の薬剤ならば、費用対効果が悪くても給付する」機能を持つのが、highly specialized technology（ＨＳＴ）である。ＨＳＴの認定を受けた場合、費用対効果の基準値は通常の2～3万ポンドや終末期特例の5万ポンドを大きく上回る、10万ポンド～30万ポンドまで引き上げられる。rule of rescueの究極例ともいえ、示唆に富む制度である。２０１９年5月に米国で承認され、１回当たりの費用が２１２・5万ドル（2億３０００万円）と超高額であることが話題になったゾルゲンスマ（脊髄性筋萎縮症の遺伝子治療薬）も、このＨＳＴで評価が進行中である。

日本におけるアプレイザル

日本における議論においても、費用効果分析を基本とする医療経済評価を行うアセスメント（分析）というプロセスと、それをもとに、それ以外の要素も加えた評価を行うアプレイザル（総合的評価）というプロセスを区分している。試行的導入のアプレイザルの際に評価すべき倫理・社会的要素として、当初、①公衆衛生的観点での有用性（感染症対策など）、②公的医療に含まれない追加的費用（介護費用や生産性損失など）、③長期に重症の状態が続く疾患での延命治療、④代替治療が十分に存在しない疾患の治療、⑤イノベーション（初期の高コストの勘案）、⑥小児疾患治療、の6項目が挙げられていたが、これらは専門部会での協議を経て、２０１７年10月の時点で、①〜④の４項目に整理（⑤と⑥は除外）された。

英国のように給付の可否に用いる国と、日本のように価格調整に用いる国では、アプレイザルの位置付けも当然異なってくる。前者の場合は「アプレイザルで認められなければアクセス手段がほぼなくなる」ため、十二分に議論を尽くす必要がある。一方で価格調整であれば、フランスのＨＴＡ機関であるＨＡＳ（Haute Autorité de Santé）の経済評価・公衆衛生委員会のように、個別事例に関するアプレイザルは行わずに、後ほどの価格交渉の場で議論するやり方もありうる（HAS 2011）。もっとも現時点では、フランスのように「費用対効果評価のレビューをした後に、改めて価格交渉」というスタイルではなく、「アプレイザルの結果として出した最終的なＩＣＥＲを、価格に1対1対応させる」という世界でも類をみない手法をとる。２０１９年3月までの試行的導入では、ＩＣＥＲの数値に応じて価格調整率を線形・連続的に変化させる方法が運用されていた。この場合、ＩＣＥＲの数値が少しでも変化すれば、価格もそれに連動して変化することになる。価格に対応させる以上は数値も一意に定めることが不可欠になるため、不確実性の考慮はほぼ不可能になる。２０１９年４月からの本格導入では、価格調整率を連続ではなく段階的（５００万円まで・５００万円から７５０万円・７５０万円から１０００万円）に設定する形式に変更され、ある程度は不確実性を許容する余地が生まれた。ただ、本来考慮すべき不確実性は単に「企業分析と公的分析の点推定値相互間の違い」だけではない。それぞれの分析自体も、有効性や安全性の推計と同様に、ある程度の幅（いわば信頼区間に相当する部分）が存在する。そしてアプレイザル（総合的評価）は「価格の上げ下げ機能」のような矮小化された観点ではなく、費用対効果評価そのものの不確実性（費用の不確実性、臨床効果の不確実性、ＱＡＬＹ計算の不確実性）を緩和する調整機能として理解されるべきものである。本格的導入においては、アプレイザルで「配慮すべき」と判断された薬剤については価格引き下げ開始点をずらすことでの対応が試みられるが、より適切な方法に関し、さらなる議論が必要と思われる。

ＮＩＣＥにおいて不確実性の考慮をある程度担うシステムが、Cancer Drugs Fund（ＣＤＦ）である。ＣＤＦは、現在入手可能のエビデンスでは不確実性が大きく費用対効果の判断ができない（あるいは、費用対効果が悪い）が、将来エビデンスが整備されれば評価が可能になる薬剤を、別建ての予算で給付するシステムである。具体的には、「潜在的に、費用対効果がよいと判断されうる潜在的な見込み（potential）がある」薬剤に関し、①企業がどのようなデータを追加的に収集するかの計画を提出し、②値引きなどの交渉条件を提案する、の2条件が満たされた場合、追加データの収集や分析が終わるまでＮＨＳ本体でなくＣＤＦの予算から給付する。この場合ＮＩＣＥの評価結果は、「推奨」でも「非推奨」でもなく「ＣＤＦ推奨」となる。２０１９年3月現在、ＣＤＦ推奨で決着した評価は22件・患者数ベースでは８５００人で、この中にはＣＡＲ－Ｔやオプジーボのような大きく話題になった薬剤も含まれる。

6－3　おわりに――意思決定と価値判断

医療資源の効率的・最適配分を達成するための道具として、費用対効果評価の実施は不可欠である。ただ、効率的配分とてゴールではなく、究極のゴールである国民全体の健康の最大化を達成する手段に過ぎない。それゆえに資源配分を考慮する際には、いわゆるＣｏｓｔ／ＱＡＬＹで表現される費用対効果評価だけではなく、多種多様な価値判断の組み込みが重要になる。あわせて見逃されがちなポイントではあるが、資源配分の急所というべき財政影響は、費用対効果評価という道具とは「似て非なる」概念であることを、この章で説明してきた。

重要なポイントは、単純な研究としての費用対効果評価と、その政策応用たるＨＴＡ（医療技術評価）とでは、考慮すべき要素の範囲が大きく変わることである。費用対効果評価を「もとにして」

政策に活かすのがＨＴＡであり、費用対効果評価の結果、すなわちＩＣＥＲを「丸呑み」して意思決定に直結させるものではない。英国などでの先行事例を見れば、費用対効果の結果と意思決定の橋渡しをする場、根源的な不確実性の緩衝弁としてのアプレイザルの重要性は、自ずと浮き彫りになってくる。

意思決定と価値判断に関わる議論で重要なことは、医療システムには多額の公費が投入されているため、政策担当者には意思決定の透明性を確保し、説明責任を果たす責務があるということだ。ある新技術の保険償還の是非と公定価格の決定は、客観的で公正な判断基準のもとに説明できなくてはならない（中村　２０１７）。ＨＴＡはこのための手段であるといってもよい。仮に、ＨＴＡが説明責任を果たすツールではなく、単なる価格引き下げツールとして使われるならば、すでに存在していた薬価再算定のルールと大差はない。試行的導入の結果を価格引き下げ幅やそれによって見込まれる薬剤費の削減幅のみに注目し、「ＨＴＡの導入の実効性は低い」とする意見もみられる。しかし国内のローカル・ルールの適用にとどまる薬価再算定とは異なり、ＨＴＡの結果として引き下げが起きた場合、対外的には「その薬剤の価格は価値に見合わない」というメッセージが伝わることになる。それゆえ、正しく価値を反映できない形のＨＴＡを導入することは、かえって日本のＨＴＡシステムに対する評価を下げ、将来のさらなる機能拡張を妨げることになる。

意思決定の透明性の確保は、政府の意思決定の説明責任を果たすことに貢献するだけではない。予算配分において１ＱＡＬＹ分の健康が得られることにどの程度の値打ちを認めるのか明らかにすることは、政策決定の予測可能性を高めるため、企業の研究開発への投資判断を容易にする効果もある。逆に、意思決定プロセスが不透明で予測不可能な場合、それは企業にとってリスクとなるため、投資を抑制し、結果としてイノベーションの可能性を縮小させてしまいかねない。

一度導入したＨＴＡ政策も絶えず見直し、必要であれば柔軟に改革を進めていく必要がある。例えば先述の英国におけるＣＤＦはそのあり方が２０１０年の設立当初とは大きく変わっている。もともとＣＤＦは、ＮＩＣＥが「費用対効果が悪い」として償還を推奨しなかった抗がん剤に対して、通常のＮＨＳの予算とは別枠で費用を賄う機能を持っていた。国民の約３人に１人ががんに罹る社会においてＣＤＦの予算規模は年を追うごとに肥大していき、２０１５年にはその予算は全体で約13億ポンドにまで達し、その存在が問題視されるに至った。予算の持続可能性の見通しの悪さもさることながら、通常のＮＨＳにおける償還決定システムとは相容れない予算のあり方も問題視された。ＣＤＦは一見抗がん剤へのアクセスを高めている点で寛大な制度のようにみえるが、一方で、がん治療だけに特別予算枠を与え、その他の病気やケガの治療よりも優先させることも意味している。ＣＤＦではＮＩＣＥによって推奨されない抗がん剤まで費用を支払っていたが、ＮＩＣＥが判断したように、その予算をＣＤＦでなくＮＨＳで使っていたほうが費用対効果の高い予算配分であった可能性が高い。また一般国民も必ずしも抗がん剤への優先的な予算配分を求めていたわけではなかった（Linley and Hughes 2013）。最終的に、ＣＤＦは英国会計検査院による調査を受け、その機能を現在のあり方、つまりＮＩＣＥが最終的な意思決定を下すまでの臨時給付のためのファンドへと改革がなされることになった（National Audit Office 2015）。本件については会計検査院が医療制度のあり方にまで踏み込んだ点で画期的であり、その結果ＣＤＦがより持続可能なファンドへの移行を果たせたことは評価できる。日本においても制度の機能を絶えずチェックして、改革を続ける努力が必要となるであろう。

7

国際保健における
ユニバーサル・ヘルス・カバレッジと
プライマリ・ヘルス・ケア

７－１　効率と公平、アクセス

第３章でユニバーサル・ヘルス・カバレッジ（universal health coverage：ＵＨＣ）の説明をした。ＵＨＣとは、国民全体が医療保険（もしくは税による医療保障）に加入できるようにすることで、過度な医療費の負担による家計破綻を防ぎ、同時に必要な医療へのアクセスを保障する政策である。ＵＨＣは国連の掲げる「持続可能な開発目標（sustainable development goals：ＳＤＧｓ）」のひとつであり、世界中の国がＵＨＣの達成、もしくは維持に向けて努力している。日本は１９６０年代に皆保険を達成し、それ以降もＵＨＣを維持している。日本のＵＨＣの問題点と今後の発展可能性については第４章で議論した。

本書ではこれまでは触れる機会を持たなかったが、医療経済学、医療政策研究分野においては国際保健、すなわち低中所得国の健康問題や医療システムの分析の重要性が特に増してきている（Jamison et al. 2013）。低中所得国のＵＨＣ達成に関して、日本の役割は今後重要となる。２０１７年12月には、東京においてＵＨＣフォーラムという国際会議が開催され、安倍晋三首相のスピーチを含め、政府の強いコミットメントが示された。本章では国際保健の視点からＵＨＣを考える。

まず重要なこととして、ＵＨＣは必ずしも効率的な資源配分を達成させるわけではない。自由市場における医療保険では、個人のリスクに応じて保険料が設定され、自由契約によって保険商品が取引きされる。一方、UHCは多くの場合、すべての国民に対して医療保険への強制加入を伴う（皆保障）。日本においても、たとえ強制されているという実感はなかったとしても、医療保険へ加入しないことは少なくとも制度上は許されない。さらに皆保険において個人の健康リスクが保険料に反映されることはほとんどない。むしろ保険料は地域の医療事情や個人の所得などによって決まる。自由契約の保険市場であればこのような保険は成立しない。なぜなら健康リスクの小さい個人には、リスクの大きい個人と同じ保険料を支払う理由がなく、したがってその保険に加入し続ける理由が少ないからだ（経済学でいう逆選択）。国民全体を強制加入させることによって、皆保険が維持されているのである。

UHCの達成においては公的保健医療支出によるリスク・プールの増大がカギとなる。特に低中所得国では医療保険の導入が遅れがちであるため、医療費支出の多くを自己負担によっていることが多い。自己負担が中心になる場合の支払いは、病気・ケガが起きる前に多数の加入者から資金を集める保険を通じてではなく、医療機関にかかるたびに費用を自らの生活費から捻出することでなされることが多い。これでは仮に深刻な病気やケガを負った際に医療費が払えないか、もしくは生活費の切り崩し、借金などによって家計が破綻してしまう可能性が高くなる。反対に、米国を除く高所得国では保健医療支出に占める公的支出の割合が高く、さらに保健医療支出は事前に集められた保険料か税金から支出される。明確な因果関係は立証されていないが、保健医療支出に占める公的支出の割合が高い国ほど国民の健康水準が高い傾向にある。

医療費に占める公的支出の割合が高いということは、国家による国民健康への投資が大きいことを意味する。公的医療への国費投入を支持する代表的な考え方のひとつとしては、国民健康の増大が国民の生産性を高め、国全体の経済成長につながるという考え方である。第3章において、費用対効果の閾値（費用対効果に優れるかどうかを判定するための増分費用効果比の基準値）の求め方のひとつとして、1人当たりGDPを使うアプローチを紹介した。1QALY（quality-adjusted life years：質調整生存年）を得るためにかかる費用が1人当たりGDPよりも低ければ支出すべき、という考え方である。この考え方には、1QALYを獲得できれば、（元気に1年間働けることを通して）おおむね1人当たりGDP分の生産性向上が期待され、経済成長につながる、という（暗黙の）期待が込められているのだ。

UHCの財政面については、税による方法と保険料による方法がある。多くの低中所得国においても、公務員やフォーマルセクター（会社員等）にはすでに措置制度としての医療保障（税負担）や、強制的な保険料負担によって費用が賄われているケースがある。一方で、農民をはじめとするインフォーマルセクターでは、そもそも保険が浸透していないため、医療は自己負担に頼るケースが多い。当然、インフォーマルセクターの人々は医療費支出の増大に対して財政的に脆弱である。国全体でのUHCを考えるとき、多くの国でテーマとなるのは、インフォーマルセクターへの公的保険の提供、税による医療費負担の拡張である。この際、フォーマルセクターの制度とインフォーマルセクターの制度の両者をどう融合させていくかは重要な政策課題となる。

例えば日本では、フォーマルセクターすなわち被用者は公務員共済や健保組合に強制的に加入して保険料を支払う。インフォーマルセクターは地方自治体が保険者となる国民健康保険や、後期高齢者医療制度に強制加入することになっている。保険料も含めて制度の違いはあるものの、受けられる医療は同一であり、アクセス制限はない。フォーマルセクターとインフォーマルセクターを比較した場合、前者は被用者に限定される以上、高齢者の多くは後者に加入する。高齢者は医療費支出が大きく、なおかつ保険料収入の基礎となる所得が少ない以上、そのままではインフォーマルセクターたる国保・後期高齢者医療制度は必然的に破綻する。そのため、税金による補助の他、セクター間での財政支援も行われている。公的保険もしくは税方式による医療システムの重要な機能のひとつは、所得の再分配にある。一般に、所得や教育水準の高い個人ほど健康度が高く、健康リスクが小さいことがわかっている。また、彼らはより多くの所得税を支払い、保険システムの維持に貢献している。皆保険によって高所得者から低所得者に向けた再分配が起こり、低所得者に対する医療アクセスが保障され、過度な医療費自己負担による家計破綻が予防される。こうして健康（と所得）の社会的不平等が小さくなる。国内の健康格差の縮小は多くの国において重要な政策目標であり、UHCはこの目標達成に一役買っているのである。

この他、UHCにはすべての国民に対して医療へのアクセスを保障するという意味合いもある。すなわち、都市部で医療機関が集中している場所だけでなく、へき地においても必要な医療が受けられるよう、低中所得国では特にプライマリ・ヘルス・ケア（primary health care：PHC）へのアクセス保障が公的保険制度の整備とセットで進められることが多い。医療システムの効率性の追求とアクセス保障の間には、一般的にトレードオフの関係がある。例えば、へき地での医療提供は、規模の経済が働く都市部での医療と比べれば費用対効果は悪くなってしまう可能性が高い。UHCにおける「No one left behind」の精神は、費用対効果をはじめとする効率性の追求というよりは、医療をユニバーサル・サービスと捉える社会的な価値判断によるところが大きい。しかしUHCの維持のためには資源配分を可能な範囲内で効率的に行わなければならず、そこで費用対効果をはじめとした効率性の議論も重要になる。

このような価値判断をベースにした医療制度を民間のみで達成することは難しく、国家によって運営される公的医療保険制度等による達成を目指すのが定石となる。UHCの達成は世界的にも最重要医療政策目標のひとつであるが、現実には多くの国にとってはいまだ遠い目標である。また、日本を含めてすでにUHCを達成している国にとっても、その維持とモニタリングは依然として重要な政策課題である。特に低中所得国においては、必ずしも滞りなくUHC政策が進むわけではない。UHC達成のための「正解」となる政策プロセスは存在せず、国によって異なる制度や文化背景を下地にしながら、各国政府は難しい政策の舵取りを行っている。

近年では低中所得国の医療や健康問題に焦点を当てた研究が急激に増加しており、国際保健は非常に大きな研究分野になりつつある。その一方で、地域も文脈もまったく違う国々を、１人当たりGDPが高くない、というだけで一括りにした大雑把な分類に基づく研究も存在する。例えば、アフリカ大陸を例にとってみても、そこには少なくとも54カ国あり、文化風習もかなり違う。当然健康問題や医療制度も異なる。近年の研究コミュニティでは、各国の文脈の違いを十分に認識・把握する必要があることが特に強く認識されるようになった。特に、米国の文脈や英国の文脈（当然日本の文脈も！）から生まれた制度や科学的な知見を低中所得国に「輸出」しようとする際には細心の注意が必要となる。さらに、ある低中所得国で得られた知見を別の国に応用しようとする際にも同様の注意が必要である。これは当然といえば当然のことなのだが、研究者や政策担当者が忘れてしまいがちな重要な点である。

7―2　低中所得国の保健医療システム――セネガル共和国の事例

国際保健におけるＵＨＣ政策の紹介として、その政策努力が始まったばかりの黎明期にある国の例をみながら議論を進めよう。アフリカ大陸の最西端に、セネガルという国がある。現大統領が２０１２年の大統領選挙で掲げたマニフェストの大きな柱のひとつはＵＨＣの達成であった。続けざまに２０１５年には保健活動省（日本の厚生労働省に相当）から独立して、ＵＨＣの達成に向けた各政策を所管するＣＭＵ庁（Agence de la Couverture Maladie Universelle）が発足した（ＣＭＵはＵＨＣの仏語版）。セネガルでは、従来から公務員や会社員といったフォーマルセクターで働く労働者本人とその家族には、雇用主が福利厚生の一環として医療保険を提供することになってい

写真7－1　セネガルの共済組合

この組合事務所は廃校になった学校の校舎を利用し、電力供給はない。
撮影）中村良太

る。また、国内の最貧困層に対しては、社会保障として医療費の自己負担無料化の措置がある。しかし多くの低中所得国に共通した問題として、農家をはじめとした国民の過半数を占めるインフォーマルセクターでは、医療保険がほとんどいきわたっておらず、したがって多くの国民は無保険状態であった。実際に、2012年の時点で国民のおよそ80％が無保険であった。さらに、保険を使ってリスク・プーリングするという文化が根づいていなかった。

多くのアフリカ諸国では、中央集権化された医療システムは採用せずに、（ときに移行的措置として）地域やコミュニティごとに医療保険を設立する「コミュニティ医療保険・共済制度」をはじめに作ることが多い。この制度の利点は、国内で事情が大きく異なる場合に地域の実情に合わせた細かな対応が可能であることや、「コミュニティ内の医療はコミュニティで面倒をみる」というコミュニティの結束やコミットメントが得やすいことなどがある。一方、デメリットとしては、中央政府の管理が行き届かなかったり、比較的小さなリスク・プールで財政基盤が脆弱であること、また裕福なコミュニティと貧しいコミュニティでの格差が大きくなったり、その格差是正の方策が取りにくいことがある。ともかく、大統領のリーダーシップにより、セネガルでもコミュニティごとに共済制度を立ち上げることになった。これは同国のＵＨＣ達成に向けた大きな一歩であるといえる。

セネガルにおけるＵＨＣ達成に向けた政策では、原則として各コミューン（いくつかの村を含んだ小さな行政単位）に１つの共済組合（Mutuelle de Santé）を作り、住民の保険加入を推し進める方針を取っている。ＣＭＵ庁発足後の２０１６年を機に、全国で多くの共済組合が設立された。最貧困層への無料医療保障の事務手続きも、共済組合が所管することになった。セネガルではＵＨＣ達成のために多額の国費が投入され、さらに海外からの開発資金援助も多い。日本からも国際協力機構（Japan International Cooperation Agency：ＪＩＣＡ）を通じた借款や技術協力プログラムが提供されている。しかし、それらの資金だけでは共済組合の活動のすべてを支えることはできない。例えば、共済組合のスタッフの多くはコミューン総会における投票によって選ばれるが、原則として無給で業務に当たっている。多くのスタッフは自身の本業（例えば農業）と保険業務をかけ持ちすることになるが、無給でも仕事を受け入れる理由は、地域からの期待やチャリティー精神などである。保険業務に関しては素人同然の状態で開始し、ＣＭＵ庁が主催する訓練プログラムを受けて業務運営に当たる。

共済組合の保険料は全国一律で、1人年間7000セーファーフラン（およそ1500円）。保険料のうち半額は政府が負担するため、加入者の自己負担は1人年間3500セーファーフランである。すなわち、セネガルでは医療財政システムは保険料方式を基本としつつ、税による大規模な保険料の補助が行われているという意味で、保険料方式と税方式を組み合わせた形になっている（ただし公務員の医療保障については、医薬品を除けば全額税負担による措置制度となっている）。この保険料を高いとみるか低いとみるかは文脈に依存する。セネガルの1人当たりGDPはおよそ1000ドル（10万円）であるが、都市部と農村部で貧富の差は大きく、特に現金収入が少なく物々交換によって生活している農村部では家族1人当たり700円（平均的な家計人数はおよそ8人）の出費でも厳しいか、より厳密にいうと、そこまでの支払用意額がない可能性がある。

セネガルの医療システムはプライマリ・ヘルス・ケア（PHC）を担当する保健ポストや保健センター、加えてセカンダリ・ヘルス・ケア以上を担当する病院がある。各コミューンにある共済組合が保健ポスト、保健センターおよび薬局への支払業務を担当し、保険共済組合連合が病院への支払いを担当する。各共済組合は保健ポスト・センターや薬局と契約を締結して、加入者が医療サービスや処方を受けられるようにしなければならないが、この業務は自分たちの力で交渉により契約を勝ち取らなければならない。オフィスを持たない等の理由で業務能力が低い、したがって信用の低い共済組合は、医療機関と契約できないこともある。契約できなければ、加入者は保険を使って医療機関にかかることはできない。契約を締結できたとしても、医療機関から送られてくる診療報酬請求のチェックや支払いは自分たちで行わなければならないが、通常、スタッフに医療行為に関して専門知識を持つ者はほぼいない。都市部・農村部含めてＰＨＣをすべての国民に届けることは今や医療政策における世界的な目標であるが、医療機関を充実させるだけでなく、同時に保険機能を強化する必要もある。例えば今回のセネガルの例では、仮に共済組合の交渉力が弱くＰＨＣを担当する医療機関との契約が結べなかった場合、加入者のＰＨＣへのアクセスが大幅に制限されることになる。

こうした脆弱な状態からセネガルのＵＨＣは始まる。各コミューンに設立された共済組合を中心に据えたＵＨＣ達成に向けた保健医療システムであるが、システムが脆弱である大きな理由として、その財務基盤が弱いことがある。財務基盤が弱い理由は、共済組合に十分な資金がプールされていないから、すなわち、加入者が少ないからである。ＵＨＣの達成は、通常は日本が行っているような強制加入の公的保険（もしくは英国のような税方式）を伴うが、現状セネガル政府は強制保険加入の実施までは踏み切っておらず、共済組合への加入は任意である。任意加入である以上、提供される保険の内容（保険料）や、償還される医療サービスが自らにとって魅力的であるかどうか、対象者は自ら吟味して加入するかどうかを決めることができる（Mladovsky 2014）。その決定を対象者にゆだねるということは、彼ら全員に保険についての情報が提供され、また彼らがその情報を正しく理解していることが前提となる。これがいかに難しいかについては第２章で解説を行った。さらに、対象者は医療が必要になってから共済組合に加入することが可能であるため、保険加入者はすなわち健康リスクの大きい人々、という図式にもなりかねず、逆選択がいっそう進む可能性がある。

7−3　改革の道すじ

強制保険の可能性

セネガルでは、最貧困層への自己負担無料医療制度を除けば、現時点で共済組合への加入率はおよそ10%を超える程度である。UHC（皆保険）とは100%の加入率を意味するので、かなり遠い道のりであることがわかる。多くのアフリカ諸国でもコミュニティの保険では任意保険の形をとっているが、セネガル政府を含めてこれらの国では強制保険に踏み込むべきであろうか。強制保険は、高所得国を中心に現実に多くの国で実際に採用されている政策ではあるのだが、個人の自由意志に基づく保険契約の形を取らないため、資源配分に歪みが生じる可能性が高い。しかし、いくつかの理由で資源配分の効率性を改善できる可能性もある。

第1に、国民のヘルスリテラシーが高くない場合や、それぞれが自身の健康リスクや医療費負担による財政リスクを正しく把握できていない場合、保険市場は機能せず、政府に介入の余地がある。特にセネガルを含め、多くの低中所得国では、伝統的に保険の仕組みが社会の中で取り入れられてこなかったため、個人に保険そのものに対する知識が欠けているならば、健康保険の必要性について合理的な判断ができないかもしれない。

第2に、依然として感染症が多い場合、罹患者に対して適切な対応をとらなければ他の人々にも悪影響が及んでしまう「外部性」が存在している。この場合にも、政府の介入によって国民全体を保険でカバーし、適切な医療を多額の医療費自己負担なしで受けられるようにすることが正当化できる。以上のように、「市場の失敗」によって任意保険が成り立たないのであれば、強制加入政策によって厚生改善につながる可能性がある。

また強制保険を実施する場合、共済組合に対して多額の公費負担が必要になるが、このとき税収入の多くを負担するフォーマルセクターから、経済的に恵まれないインフォーマルセクターや最貧困層への再分配がなされる。共済組合の加入対象者に対する医療へのアクセスが保証されることは、それが資源配分の効率性を高めるかどうかとは別の問題として、倫理上、または社会正義上は望ましいことであると考えることもできる。その一方で、低中所得国政府が強制保険を可能にするだけの医療予算を確保できるかは大きな疑問であり、予算確保のためには医療以外の分野（例えば教育費や防衛費など）からの予算の組み換えが必要となる。セネガルを含めて多くの政府がUHCの達成を特に重要な政策目標としているとはいえ、予算の組み換えにはおそらく難しい調整が必要となる上、国民の支持が不可欠となる。国民の支持を受けるためには、彼らが共済組合を中心に据えた保健医療システムを支持する必要があり、現状の加入率の低さを考えると、高い政治的コミットメントがあったとしても、少なくとも短期間で強制保険に移行することは簡単ではないと思われる。

たとえ強制保険によるＵＨＣの達成に舵を切るのが医療保障制度の自然な発展であったとしても、その時々の状況に注意を払いながら時間をかけて徐々に進めていく必要があるのだ。

ベネフィット・パッケージの策定

ＵＨＣの達成のための政策として特に重要なのは、保険によって償還される医療サービスの内容（benefit package：ベネフィット・パッケージ）の決定である。第3章や第4章でも議論したように、特に低中所得国では医療予算が限られているため、高所得国のような医療サービスを提供することはできない。そこで、どの医療サービスを優先して保険適用するのか決めなければならない。

ベネフィット・パッケージの策定には、これを新しく作るプロセスと、それを調節するプロセスがある。現在の日本においてはもっぱら後者が議論の対象であるが、低中所得国では前者も重要となる。肝心なのは、何の医療サービスが必要で、そのためにどれだけの予算が用意できるのか、である。何が必要なのか、明示的にするのは大変な作業である。まず、必須のサービスはある程度各国で共通するところはあるが、詳細は国によって異なり、明示化のプロセスでは必須とされるための要件や優先順位についての合意がとられなければならない。この決定にはエビデンスが求められ、すなわちデータ整備とその分析が必要となる。その上で、先述のようにさまざまな価値判断を経て最終的な意思決定を行い、その際には健康上もしくは政治的な問題（誰が得をして誰が損をするのか）について慎重な調整が必要となる。さらに、一度決定を行ったものでも絶えず見直し、調節していかなくてはならない。

予算のサイズは低中所得国において特に重大な問題である。２０１３年には、高所得国ではおおよそ１人当たりで４４５６米ドルの予算があった。それに対して、低中所得国では平均でたったの37米ドルであった（Glassman, Giedion and Smith 2017）。このように限られた予算の中で、それぞれの国にとって達成可能なベネフィット・パッケージを策定しなければならない。先述のセネガルの例では、ＰＨＣに相当する保健ポストや保健センターで受けられる医療サービスは全国統一、さらに診療報酬も一定で、償還されるサービスは、帝王切開などの母子保健に関わるサービスなどを含めても、基本的な内容がカバーされているのみである。これが加入対象者、すなわち患者にとって魅力的なものであるか否かは明らかではない。また、国民の健康にとって必要となる医療システムの規模が、現時点での保険料（日本円で年間１５００円程度）で賄いきれるのかについても依然として不透明である。

ベネフィット・パッケージの選択には絶対的な「正解」も共通のフレームワークもなく、実際すべての国で策定過程も結果も異なる。共通していえることは、その選択過程は透明性が高く、かつ説明責任が果たせるものでなければならない、ということだ。そして医療システムの持続可能性のためには、医療技術の効果だけでなく、その費用や財政面への影響についても考慮されるべきである。それゆえ、ベネフィット・パッケージの決定には「費用対効果」を重視し、ＨＴＡ（health technology assessment：医療技術評価）を用いるのが望ましい。所与の予算の下で最も国民健康を高める医療サービスの組み合わせは何か、ＨＴＡはそれを探索するための国際的にスタンダードな方法である（もちろん、唯一の方法ではない）。

ＨＴＡの方法や課題、また政策応用については第3章で解説を行ったが、第6章でも議論した平等性や国民の価値観をいかにして意思決定に取り込むか、ということも重要になる。例えば、セネガルは首都ダカールのような大都会から、サハラ砂漠に近い辺境の地域を含み、経済的にも保健状況にも大きな地域差を抱える国である。このような国で単一のパッケージが効率的である可能性は低い。地域によって必要な医療が異なる可能性が高いからだ。さらに都市部とは異なり、農村部の住人は換金作物を栽培していない場合は現金収入が少ないので、たとえ1人年間700円程度の保険料自己負担でも難しい可能性がある。もしかしたら、健康への需要や価値観も地域によって異なるかもしれない。問題は地域差だけではない。セネガルを含め、国内に多くの貧困層を抱える国では、医療費を負担できない彼らの健康についてどこまで厚く保障すべきか、つまり、所得再分配政策によってどの程度まで平等性を追求するかについても、今後ベネフィット・パッケージを拡大していく過程で決めなくてはならない。

ＵＨＣとＨＴＡ

本書では、効率的な医療資源配分を達成するためのツールとしてＨＴＡの重要性を強調してきた。ＵＨＣとＨＴＡとはどのような関係にあるだろうか。日本においてはＨＴＡの本格的な運用は、必ずしもＵＨＣの維持を直接の動機付けとしたものではない。どちらかというと、一部の医薬品や機器の費用の高さに注目が集まり、従来の価格決定方式への不信から科学的な価格調整の方法が求められたことを契機としている。

一方で、タイではＨＴＡの導入ははっきりとＵＨＣの推進と結びついている。もともと医療予算に対する制約の強かったタイでは、国民全体に対して医療を提供するために限られた予算をどう配分するか、すなわちどの医療技術を提供し、どれを提供しないか、優先順位付けへの強い要請があった。また人の健康に優先順位を付けるという困難な問題に取り組むに当たっての政治的なプレッシャーをできるだけ退け、その意思決定の説明責任を果たさなければならなかった。ＨＴＡはその優先順位付けのための科学的な方法のひとつであったため、自然とＵＨＣ達成に向けたＨＴＡの導入が進んだ。

日本では高騰する国民の医療費、それに拍車をかける高齢化によって、60年代以降維持してきたＵＨＣ（国民皆保険制度）が危機的な状況にある。日本では政府を含め、所々でＵＨＣの先駆けを自任する傾向があるが、低中所得国の事例をみればみるほど日本にとっての示唆が大きいことがわかる。国民皆保険の維持のため、持続可能なレベルの医療費をいかに効率的に使うか、という命題は日本も他の国にも共通であり、そのための科学的なアプローチではむしろ日本は他国の後塵を拝しているといわざるをえない。日本でもＨＴＡを用いた医療資源配分が本格的に制度化され、始まった。この点については先進するアジア諸国から大いに経験を学び、日本の皆保険制度の見直しをするべきであろう。

プライマリ・ヘルス・ケア

第１章の第３節ですでに触れたが、プライマリ・ヘルス・ケア（ＰＨＣ）の重要性も再度指摘しておきたい。ＰＨＣは、ＵＨＣとともに、国連の掲げる「持続可能な開発目標（ＳＤＧｓ）」を達成するために必須とされている。１９７８年のアルマ・アタ宣言にはじまり、２０１８年10月に採択されたアスタナ宣言に至るまで一貫して主張されているように、ＰＨＣを整備することは、低中所得国だけでなく多くの高所得国でも費用対効果の高い医療制度改革の要だ。ＰＨＣを整備することで、国全体としての総合的な健康アウトカム、患者満足度、効率性、費用対効果など医療制度における重要な様相を向上できると認知されているからだ（Starfield 1988; Starfield, shi and Macinko 2005）。

「ＰＨＣのないＵＨＣはなく、ＵＨＣのないＰＨＣはない」（van Weel and Kidd 2018）といわれるように、質の高いＰＨＣはＵＨＣの必要条件である。日本では「世界に冠たる皆保険」というが、質の高いＰＨＣが整備されている状況とはいえない。日本のＵＨＣが世界標準の定義からも特異であることは、第３章で詳しく議論した。

ＷＨＯ（世界保健機関）元事務局長のマーガレット・チャンは、過去30年間の国際保健の問題として、包括的な医療サービス供給の基盤としてのＰＨＣ政策への取組みから離れ、縦割りの医療介入政策（特にＨＩＶ／エイズ、結核、マラリアのような死亡率の高い感染症に特化した介入）に焦点が向かったことを指摘している（Chan 2008）。特にチャンの２０１３年のスピーチ（Chan 2013）は秀逸だ。ＰＨＣ先進国のカナダで医学教育を受けたチャンならではの、ＰＨＣの深い理解に基づいたわかりやすい語り口でＰＨＣの重要性が伝わる。

なお、本書では、ＰＨＣとＰＣ（プライマリ・ケア）は同義語として用いている。従来、ＰＣは医師と患者などのより個別的な関係、ＰＨＣは国民や地域住民の健康問題など集団を対象と、区別してきた。しかし、ＰＣの意味するものは時代とともに進化しており、最近は患者や家族だけでなく、地域も対象にしている（葛西　２０１８）。第５章でみたように、ＰＨＣの先進国では、医師や看護師をはじめＰＨＣの専門職への支払制度は、「地域を診る」という視点から、制度設計がなされている。

支払制度

第５章で、医療システム運営における支払制度について議論した。ＰＨＣにおいては主に人頭払い制度、すなわち各医療機関が管轄する地域の人口によって報酬が支払われる仕組みを採用する国が少なくないが、一方でセネガルにおいては日本と同様に出来高払いである。出来高払いとは、診療の成果等によらず、処置を行ったら行った分だけ報酬が支払われる仕組みである。出来高払いの弱点として、医療供給者がコスト意識を持ちづらく、さらに政府や保険者が全体の医療費をコントロールできないという点が挙げられる。セネガルでは依然としてかなり限られた予算での医療システム運営を強いられることになるが、ここ数年で医療支出が急速に拡大する可能性があり、出来高払いに基づく支払制度は大きな財政リスクである。

この他、セネガルを含む多くの国において問題として挙げられているのが、無料医療制度対象者による過剰な受診である。ここではモラルハザード（本来必要な医療サービスより多くを需要すること）の可能性が考えられる。モラルハザードを予防するための方法のひとつは、受診時に自己負担を求めることである。日本では診療に関して自己負担分（高齢者などの例外を除き3割負担）を設定している。セネガルではいったん保険料を支払えば自己負担なしで医療サービスを受けられることになっており、モラルハザードを防ぐ手立てがない。無料医療制度対象者は国内の最貧困層であり、多くの自己負担を求めることはできない。しかし、行動経済学の知見によれば、ほんの少しの自己負担の設定でも行動を変えられる可能性がある（例えば、レジ袋の有料化によって数円程度の費用負担が必要になった結果、エコバッグ持参率が大きく変わった、など）行動変容はどのようにして起きるか、行動経済学の知見や政策応用については第4章で詳しく議論した。ＵＨＣはすべての国民に医療アクセスを保障する政策ではあるものの、一部の利用者の必ずしも必要ではない受診によって医療費全体が圧迫されることは避けなければならない。したがって、支払制度の工夫によって受診を適正化することで、限られた予算内での医療システム運営の持続可能性を高めることができる。一つひとつの工夫が、効率的なＵＨＣとＰＨＣの達成を推し進めるのである。

7－4　おわりに

なぜ医療を経済学の視点から分析をする必要があるのか。

高齢化が進むわが国では、医療技術の進歩によって、20～30年前には手術適用が難しかった70代や80代、場合によっては90代でも当たり前のように治療の対象となっている。政策の場だけでなく、日々の臨床の場でも医療者や患者は常に治療内容について選択を迫られている。医療技術を実用化する企業は絶えずイノベーションを進めようとしている。

一方、今回取り上げたセネガルをはじめとする低中所得国では、国民の医療へのアクセスが最も重要な政策課題だ。国民全体のアクセス確保のためには、医療制度全体の効率性をある程度犠牲にしなければならない可能性もある。

高所得国でも低中所得国でも共通した課題は、限られた財源をどのように配分し、市場（特に企業）の役割をどのように考えるかだ。効率性を犠牲にせざるをえない場合、その犠牲をどこまで認めるかは、社会的平等や倫理といった価値観の問題だ。

この難しい課題に取り組むために重要なことは、どのようなルールで費用対効果を分析し、その結果を使って、政策立案者はどのような政策決定を導き出したのか、明示的に示すことである。費用対効果や資源配分のエビデンスに基づく意思決定の透明性を前提に、政府が意思決定の説明責任を果たすことだ。経済学はそのための重要な分析ツールとなるのである。

あとがき

日本の医療の質は高いと言われてきた。たしかに高所得国の中でも低い乳幼児死亡率、長い平均余命を達成した。しかし、生活習慣病が疾病の上位を占める今日において、「質の高い＝お金をかける」と考えて、予算と関係なく贅を追求したものを質の高い医療と考えている人がまだ多いのではないか。高度医療機器での検査や診断をして、新薬をはじめ高額な医薬品を投与することが本当に良い医療なのだろうか。

たとえ、最高に贅をこらした医療が質の高い医療だったとしても、それを正当化できるのは、医療予算が無限大の場合だけだ。現実には医療に割ける予算には限りがある。超高齢化や医療の高度化・高額化を背景に医療費が年々増大していく中で、われわれが本当に考えなければならないのは、限りある予算を考慮した上での医療のあり方、すなわち日本においてどのレベルの医療が（限られた予算の下で）「最適」なのか、ということだ。

本書で繰り返し指摘したように、日本では、医薬品や医療機器は安全性が確かめられれば費用対効果に関係なくほぼ自動的に公的保険で給付される点で、国民皆保険（保障）を達成している他の多くの国々と比べて特異的である。医薬品や医療機器だけでなく、健診や検診も多くの公的予算が費やされているにもかかわらず、エビデンスに基づいた議論が行われていない。

エビデンスに基づいた政策決定プロセスとして、世界的に多くの実例があり、予算規模も非常に大きい政策が、第3章で紹介した医療の費用対効果評価である。費用対効果評価の目的は、「費用削減を目指す」のではなく、医療資源の最適配分を達成するために「費用が高くてもよく効く医療」と「費用が高いのに効かない医療」とを切り分けて評価することにある。つまり、予算配分の優先順位付けに寄与しようとするものである。

同時に、医療技術評価によって予算配分のプロセスを透明化し、エビデンスに基づく意思決定をすることによって、政策担当者は説明責任を果たしやすくなる。医療の費用対効果を高めることは、医療に投入される多額の保険料や税金を負担する納税者の立場からも重要である。また、エビデンスに基づく効率的な医療が提供されることは患者の利益にもつながる。さらに、予算投入の意思決定の透明性の確保は、関連企業などにとって投資判断がしやすくなるという利点もある。

英国ＮＩＣＥに代表されるような諸外国のＨＴＡ機関では、効率的な資源配分の議論の後に、公平性や平等性や倫理に関わる議論・アプレイザル（総合的評価）がなされる。アプレイザルの場で、社会的、経済的、倫理的な個別事情が考慮されることを通して、医療技術評価には政府だけでなく、医薬品・機器メーカー、医療関係者、患者などの利害関係者が広く関わり話し合いの中で意思決定を行う「ゆとり」が設けられるのが一般的だ。患者も積極的に参加して、患者にとってどのような側面が重要なアウトカムであるかも丁寧に議論をして意思決定をする仕組みになっている。日本の費用対効果評価でも、アプレイザルのプロセスは設けられているが、現時点ではその機能は限定的である。「価格調整のみに費用対効果評価を用いるならば、アプレイザルの必要性は低い」のような意見も見られるが、費用対効果評価そのものに内在する不確実性の調整弁としてアプレイザルは不可欠な要素であり、今後より深い議論が望まれる。

日本の保健医療制度に関して、もうひとつよく主張されていることに、「日本の保健医療支出は国際的にも低い」というものがある。これは正しい認識なのだろうか。

まず、高齢化や国際比較の結果にかかわらず、日本の医療費の高騰は国民皆保険制度の持続可能性を脅かす大変な問題である事実に変わりはない。次に統計上の問題がある。日本の「保健医療支出」とはOECDから公表されている保健医療支出（health expenditure）を指している。これには、介護、予防接種・学校保健・母子保健をはじめとした公衆衛生なども含まれている。厚生労働省が発表する「国民医療費」よりも範囲はずっと広い。国民医療費は、疾病の治療に要する費用であり公的保険から給付される費用の集計に過ぎない。わが国の保健医療支出は、介護や公衆衛生部分などにおいて過小推計されていることが指摘されている。もちろん、推計精度に関わるこうした問題は日本に固有のものではないものの、政府自ら推計している国々と、政府ではなく一研究機関が推計を行っている日本とでは、推計方針などにおける透明性に差が見られる。

保健医療支出（またはそれがGDPに占める割合）は、国際比較やわが国の医療政策においても、たいへん重要な統計であるにもかかわらず、その信頼性に関して客観的な評価はほとんど行われていない。推計結果をＯＥＣＤのＨＰに掲載するのみならず、その結果の解釈や問題点などを推計者が自ら報告し公表する仕組みを導入するべきであろう。わが国では、政府が推計していないとはいえ、ＯＥＣＤによる公式な統計として各国とも重視している統計であり、日本政府から正式な説明がなされるべきであろう。

そもそも、日本の保健医療費は総額で語られることが多い。総額に関する議論も重要だが、制度的な違いもあり比較は難しい。政策的により重要なことは、ＧＤＰに占める保健医療費の割合が小さいのか大きいかよりも、どのような項目にどのくらい使われているのか、そして、それが国民の支持を得ているのかという視点だ。例えば英国などでは、診断や診療（薬剤と検査）にかける費用は低いが、ガイドラインのためのデータベースづくりなどは、日本とは比較にならないほどの労力と費用をかけている。患者の権利を守るためのインフラづくり、医療提供者の教育なども多額の費用が必要だが、日本では十分な投資をしているだろうか。最先端の医薬品や機器を導入することばかりに傾倒してはいないか。システムを整備するには費用がかかり、その費用を投資するのは政府の役割だ。総額の議論だけでなく、費用対効果評価などに基づき、「何にどれだけ使うのか」を透明化することなしに、国民に負担増を納得してもらうことは難しい。

限られた資源をいかに効率的に配分するか。これが経済学の根本的な問いであり、日本の医療が直面している問題でもある。日本人は医師への受診回数が国際的にも多く、出来高払いの制度の下、重複受診や重複投薬など過剰医療が指摘されている。しかし、受診回数が多いのはすでに受診している人の傾向であり、実は一度も受診していない人の割合は国際的にも高いという側面もある。著者の1人が行った調査では、過去1年間に一度も医師の診療を受けていない人は、日本では26%にも上る。Commonwealth Fund の調査によると、日本以外の対象国では10数%前後である。多くの国々では、看護師など医師以外の医療職も疾病予防や生活習慣病の治療などの診療現場では重要な役割を担っている。一方、日本では、医療機関に行くことは医師に診てもらうことであるため、看護師を含む医療職に一度も診てもらっていない人の割合は日本では格段に高い。特に日本では、包括的・継続的にケアを受けている人が少ない。

日本の国民皆保険制度はユニバーサルと言いながら、カバーされていない人たちがかなり多い（制度的にはカバーされているけれど、必要なケアを受けていないという意味で）ということだ。現行の医療保険制度は年齢や世代を基準としており、「困っている人たち」に必要な医療や福祉サービスが届かない場合が少なくない。レセプトデータを始め多くの統計では、医療機関を受診している人のデータはあるが、受診していない人のデータはほとんどないため、行政も正確に「困っている人たち」を把握できていない。そのため、必要な人たちに必要な資源が届いていない現状だ。過剰医療も問題だが、過少医療も実は大きな問題だ。

＊　＊　＊

「はじめに」でも書いたように、経済学は医療問題を分析するために有用だ。本書執筆に当たっては、日本を含め世界の医療政策への一助となることを共通認識として、異なるバックグランドを持つ研究者3人が集まった。それぞれが分担執筆するのではなく、3人で何度も話し合い、意見を交換し、国内外の動向をフォローし、推敲を重ねた。本書は、『経済セミナー』に2017年4・5月号から1年間連載した内容をもとに大幅に加筆修正したものである。連載の構想から単行本化の企画・出版に至るまで、日本評論社の道中真紀さん、小西ふき子さん、武藤健介さんには大変お世話になった。特に道中さんの強い勧めがなければ連載を始めることはなかった。

本書の内容の多くは一橋大学医療政策・経済研究センター（HIAS Health）において著者たちが継続的に行ってきた議論をもとにしている。本書の執筆にあたり、さまざまな方たちにお世話になった。保健医療支出の推計に関しては西沢和彦さん（日本総合研究所）、「エビデンスに基づく医療政策」の考え方に関しては中山健夫さん（京都大学）、セネガルの医療システムについては真野裕吉さん（一橋大学）と佐藤主光さん（一橋大学）との議論を参考にした。高久玲音さん（一橋大学）には全体を通して原稿の内容に対する貴重なコメントをいただいた。

本書のもととなる研究に当たっては、井伊雅子は科学研究費補助金（基盤研究B）「不確実性下の医療――情報と合理的意思決定の分析」（課題番号：18H00845　研究代表者：井伊雅子）および日本経済研究センター研究奨励金、中村良太は科学研究費補助金（基盤研究B）「医療における費用対効果の閾値に関する研究」（課題番号：18H00862　研究代表者：中村良太）からの助成を受けた。ここに記して感謝の意を表する。

現在の医療問題を考える上で、経済学の視点が有効であることを、本書を通じて読者に伝えることができれば幸いである。

２０１９年９月

井伊　雅子
五十嵐　中
中村　良太

著者紹介

井伊 雅子（いい・まさこ）

一橋大学国際・公共政策大学院教授。ウィスコンシン大学マディソン校経済学研究科修了、博士（経済学）。世界銀行、横浜国立大学経済学部助教授などを経て、2005年より現職。著書・論文：『アジアの医療保障制度』（編著、東京大学出版会、2009年）"Are Japanese People Satisfied with Their Health Care System and Services? Empirical Evidence from Survey Data," *Health Policy*, 123(4), pp. 345-352（共著、2019年）、など。

五十嵐 中（いがらし・あたる）

横浜市立大学医学群健康社会医学ユニット准教授・東京大学大学院薬学系研究科医薬政策学客員准教授。東京大学大学院薬学系研究科博士後期課程修了、博士（薬学）。東京大学大学院薬学系研究科医薬政策学特任准教授などを経て、2019年より現職。2010年より医療経済評価総合研究所代表。著書・論文：『「薬剤経済」わかりません！！』（共著、東京図書、2014年）、"Willingness to pay for QALY: Perspectives and Contexts in Japan," *Journal of Medical Economics*, 22(10), pp.1041-1046（共著、2019年）など。

中村 良太（なかむら・りょうた）

一橋大学社会科学高等研究院准教授。ヨーク大学経済学研究科修了、博士（経済学）。ヨーク大学医療経済研究所リサーチフェローなどを経て、2016年より現職。統計数理研究所医療健康データ科学研究センター客員准教授。論文："Evaluating the 2014 Sugar-sweetened Beverage Tax in Chile: An Observational Study in Urban Areas," *PLoS Medicine*, 15(7), e1002596（共著、2018年）など。

索 引

欧 字

あ 行

か 行

さ 行

た　行

な　行

は　行

ま　行

や　行

ら　行

わ 行

参考文献

第1章

Cartwright, Nancy and Jeremy Hardie (2012) *Evidence-based Policy: A Practical Guide to doing It Better*, Oxford University Press.

Cochrane, Archibald L. (1972) *Effectiveness and Efficiency: Random Reflections on Health Services*, Nuffield Provincial Hospitals Trust (森亨訳『効果と効率――保健と医療の疫学』サイエンティスト社、1999年).

Deaton, Angus (2013) *The Great Escape: Health, Wealth, and the Origins of Inequality*, Princeton University Press (松本裕訳『大脱出――健康、お金、格差の起源』みすず書房、2014年).

Hollands, Gareth J., Ian Shemilt, Theresa M. Marteau, Susan A. Jebb, Michael P. Kelly, Ryota Nakamura, Marc Suhrcke and David Ogilvie (2013) "Altering Micro-environments to Change Population Health Behaviour: Towards an Evidence Base for Choice Architecture Interventions," *BMC Public Health*, 13: 1218.

Wagstaff, Adam and Anthony J. Culyer (2012) "Four Decades of Health Economics Through a Bibliometric Lens," *Journal of Health Economics*, 31 (2), pp.406-439.

World Health Organization (WHO) (2008) *The World Health Report 2008: Primary Health Care Now More than Ever.*

井伊雅子編 (2016)「医療・介護に関する報告会」報告書、財務省財務総合政策研究所

河口洋行 (2015)『医療の経済学 第3版』日本評論社

西沢和彦 (2015)「『総保健医療支出』における Long-term care 推計の現状と課題――医療費推計精度の一段の改善を」『JRI レビュー』

11（30）、pp.2-20
西沢和彦（2016）「『保健医療支出』における予防費用推計の現状と課題」『JRI レビュー』3（42）、pp.1-21
橋本英樹、泉田信行編（2016）『医療経済学講義 補訂版』東京大学出版会

第2章

Barratt, Alexandra（2015）"Overdiagnosis in Mammography Screening: A 45 Year Journey from Shadowy Idea to Acknowledged Reality," *British Medical Journal,* 350, h867.
Cecchini, Michele and Ludovic Warin（2016）"Impact of Food Labelling Systems on Food Choices and Eating Behaviours: A Systematic Review and Meta-analysis of Randomized Studies," Obesity Reviews, 17（3）, pp.201-210.
Chou, Shin-Yi, Mary E. Deily, Suhui Li and Yi Lu（2014）"Competition and the Impact of Online Hospital Report Cards," *Journal of Health Economics*, 34, pp.42-58.
Cutler, David M. and Adriana Lleras-Muney（2010）"Understanding Differences in Health Behaviors by Education," *Journal of Health Economics,* 29（1）, pp.1-28.
Gigerenzer, Gerd（2014）*Risk Savvy: How to Make Good Decisions*, Viking Press（田沢恭子訳『賢く決めるリスク思考――ビジネス・投資から、恋愛・健康・買い物まで』インターシフト、2015年）.
Gigerenzer, Gerd（2016）"Full Disclosure about Cancer Screening," *British Medical Journal,* 352, h6967.
Gigerenzer, Gerd, Wolfgang Gaissmaier, Elke Kurz-Millcke, Lisa M. Schwartz and Steven Woloshin（2007）"Helping Doctors and Patients Make Sense of Health Statistics," *Psychological Science in the Public Interest,* 8（2）, pp.53-96.
Gravelle, Hugh and Peter Sivey（2010）"Imperfect Information in a

Quality-competitive Hospital Market," *Journal of Health Economics*, 29（4）, pp.524-535.
Gurian, Elizabeth A., Daniel D. Kinnamon, Judith J. Henry and Susan E. Waisbren（2006）"Expanded Newborn Screening for Biomedical Disorderds: The Effect of a False-positive Result," *Pediatrics*, 117（6）, pp.1915-1921.
Hook, Ernest B.（1976）"Estimates of Maternal Age-specific Risks of Down-Syndrome Birth in Women Aged 34-41," *Lancet*, 2（7975）, pp.33-34.
Nakayama, Kazuhiro, Wakako Osaka, Taisuke Togari, Hirono Ishikawa, Yuki Yonekura, Ai Sekido and Masayoshi Matsumoto（2015）"Comprehensive Health Literacy in Japan is Lower than in Europe: A Validated Japanese-language Assessment of Health Literacy," *BMC Public Health*, 15: 505.
Organisation for Economic Co-operation and Development（OECD）（2016）*Health Statistics 2016*.
Organisation for Economic Co-operation and Development（OECD）（2019）*OECD Reviews of Public Health: Japan: A Healthier Tomorrow*.
Prasad, Vinay, Jeanne Lenzer and David H. Newman（2016）"Why Cancer Screening Has Never Been Shown to 'Save Lives' : And What We Can Do about It," *British Medical Journal*, 352, h6080.
Thaler, Richard H. and Cass R. Sunstein（2008）*Nudge: Improving Decision about Health, Wealth, and Happiness*, Yale University Press（セイラー、リチャード、キャス・サンスティーン著、遠藤真美訳（2009）『実践　行動経済学――健康・富・幸福への聡明な選択』日経 BP）.
Zhao, Xin（2016）"Competition, Information, and Quality: Evidence from Nursing Homes," *Journal of Health Economics*, 49, pp.136-152.
井伊雅子、別所俊一郎（2006）「医療の基礎的実証分析と政策――サー

ベイ」『フィナンシャル・レビュー』80、pp.117-156
ウォロシン、スティーヴン著、北澤京子訳（2011）『病気の「数字」のウソを見抜く――医者に聞くべき10の質問』日経 BP 社
ギーゲレンツァー、ゲルト著、吉田利子訳（2010）『リスク・リテラシーが身につく統計的思考法――初歩からベイズ推定まで』早川書房
齊藤英和（2014）「人口減少に歯止めをかけるために　目標のあり方――医学的に観点より男女の妊娠適齢期からみた提言」内閣府 少子化危機突破タスクフォース（第２期）第３回、2014年４月21日提出　資　料4-3（URL: https://www8.cao.go.jp/shoushi/shoushika/meeting/taskforce_2nd/k_3/pdf/s4-3.pdf）
中山健夫（2014）『健康・医療の情報を読み解く――健康情報学への招待 第２版』丸善出版
野口晴子（2016）「医療需要の実証分析」橋本英樹、泉田信行編『医療経済学講義 補訂版』東京大学出版会、pp.81-99
マクウィニー、フリーマン著、葛西龍樹、草場鉄周訳（2013）『家庭医療学 上巻』ぱーそん書房

第３章

Bae, Eun-Young（2019）“Role of Health Technology Assessment in Drug Policies: Korea,” *Value In Health Regional Issue*, 18, pp.24-29.
Bae, Eun-Young, Hui Jeong Kim, Hye-Jae Lee, Junho Jang, Seung Min Lee, Yunkyung Jung, Nari Yoon, Tae Kyung Kim, Kookhee Kima and Bong-Min Yang（2018）“Role of Economic Evidence in Coverage Decision-making in South Korea,” *PLoS ONE*, 13（10）: e0206121.
Bae, Eun-Young, Ji-Min Hong, Hye-Young Kwon, Suhyun Jang, Hye-Jae Lee, Seung Jin Bae and Bong-Min Yang（2016）“Eight-year Experience of Using HTA in Drug Reimbursement: South Korea,” *Health Policy*, 120, pp.612-620.
Brazier, John E., Shunichi Fukuhara, Jennifer Roberts, Samer

Kharroubi, Yosuke Yamamoto, Shunya Ikeda, Jim Doherty and Kiyoshi Kurokawa (2009) "Estimating a Preference-based Index from the Japanese SF-36," *Journal of Clinical Epidemiology*, 62(12), pp.1323-1331.

Claxton, Karl, Steve Martin, Marta Soares, Nigel Rice, Eldon Spackman, Sebastian Hinde, Nancy Devlin, Peter Smith and Mark Sculpher (2015) "Methods for the Estimation of the National Institute for Health and Care Excellence Cost-effectiveness Threshold," *Health Technology Assessment*, 19 (14), pp.1-503.

Dakin, Helen, Nancy Devlin, Yan Feng, Nigel Rice, Phill O'Neill and David Parkin (2015) "The Influence of Cost-effectiveness and Other Factors on NICE Decisions," *Health Economics*, 24 (10), pp.1256-1271.

Devlin, Nancy and David Parkin (2004) "Does NICE Have a Cost-efectiveness Threshold and What Other Factors Influence Its Decisions? A Binary Choice Analysis," *Health Economics*, 13 (5), pp.437-452.

Drummond, Michael F., Mark J. Sculpher, Karl Claxton, Greg L. Stoddart and George W. Torrance (2015) *Methods for the Economic Evaluation of Health Care Programmes*, 4th edition, Oxford University Press.

Food and Drug Administration (2009) *Guidance for Industry Patient-Reported Outcome Measures: Use in Medical Product Development to Support Labeling Claims*, Food and Drug Administration.

Garisson, Louis Preston Jr, Edward C. Mansley, Thomas A. Abbott, III, Brian W. Bresnahan, Joel W. Hay and James Smeeding (2010) "Good Research Practices for Measuring Drug Costs in Cost-Effectiveness Analyses: A Societal Perspective: The ISPOR Drug Cost Task Force Report-Part II," *Value in Health*, 13, pp. 8-13.

Haute Autorité de Santé (HAS) (2012) *Guide Choix: Méthodologiques Pour L'évaluation Économique à la HAS*, Haute Autorité de Santé.

Igarashi, Ataru, Rei Goto and Mariko Yoneyama-Hirozane (2019) "Willingness to pay for QALY: Perspectives and Contexts in Japan," *Journal of Medical Economics*, 2:1. doi: 10.1080/13696998.2019.1639186. [Epub ahead of print]

Marceille, Elliot, Bruce Larson, Dhruv S. Kazi, James G. Kahn and Sydney Rosen (2015) "Thresholds for the Cost-effectiveness of Interventions: Alternative Approaches," *Bulletin of the World Health Organization*, 93 (2), pp.118-124.

Martin, Stephen, Nigel Rice and Peter Smith (2008) "Does Health Care Spending Improve Health Outcomes? Evidence from English Programme Budgeting Data," *Journal of Health Economics*, 27 (4), pp.826-842.

Mason, Helen, Michael Jones-Lee and Cam Donaldson (2009) "Modelling the Monetary Value of a QALY: A New Approach based on UK Data," *Health Economics*, 18 (8), pp.933-950.

National Institute for Health and Care Excellence (NICE) (2004, 2009, 2013) *Guide to the Methods of Technology Appraisal,* The National Institute for Health and Care Excellence.

Neumann, Peter J, Theodore G Ganiats, Louise B Russell, Joanna E Siegel, and Gillian D Sanders (2016) *Cost-Effectiveness in Health and Medicine Second Edition*, Oxford University Press.

Nimdet, Khachapon, Nathorn Chaiyakunapruk, Kittaya Vichansavakul and Surachat Ngorsuraches (2015) "A Systematic Review of Studies Eliciting Willingness-to-ay Per Quality-adjusted Life Year: Does It Justify CE Threshold? " *PLoS ONE,* 10 (4) : e0122760.

Raftery, James (2013) "How Should We Value Future Health? Was

NICE Right to Change? " *Value in Health*, 16 (5), pp.699-700.

Schwarzer, Ruth, Ursula Rochau, Kim Saverno, Beate Jahn, Bernhard Bornschein, Nikolai Muehlberger, Magdalena Flatscher-Thoeni, Petra Schnell-Inderst, Gaby Sroczynski, Martina Lackner, Imke Schall, Ansgar Hebborn, Karl Pugner, Andras Fehervary, Diana Brixner and Uwe Siebert (2015) "Systematic Overview of Cost-effectiveness Thresholds in Ten Countries Across Four Continents," *Journal of Comparative Effectiveness Research*, 4 (5), pp.485-504.

Skoupa, Jana, Lieven Annemans and Petr Hajek (2014) "Health Economic Data Requirements and Availability in the European Union: Results of a Survey Among 10 European Countries," *Value in Health Regional Issue*, 4C, pp.53-57.

Shiroiwa, Takeru, Ataru Igarashi, Takashi Fukuda and Shunya Ikeda (2013) "WTP for a QALY and Health States: More Money for Severer Health States? " *Cost Effectiveness and Resource Allocation*, 11: 22.

Tanvejsilp, Pimwara, Suthira Taychakhoonavudh, Usa Chaikledkaew, Nathorn Chaiyakunapruk and Surachat Ngorsuraches (2019) "Revisit Roles of HTA on Drug Policy in Universal Health Coverage in Thailand: Where Are We? And What Is Next? " *Value in Health*, 18, pp.78-82.

Towse, Adrian, Clive Pritchard and Nancy Devlin eds. (2002) *Cost Effectiveness Thresholds:Economic and Ethical Issues*, King's Fund and Office of Health Economics.

Tsuchiya, Aki and Verity Watson (2017) "Re-thinking 'The Different Perspectives That Can Be Used When Eliciting Preferences in Health' ," *Health Economics*, 26 (12), pp. e103-e107.

World Health Organization (WHO) (2002) *The World Health Report 2002: Reducing Risks, Promoting Healthy Life*, World

Health Organization.
五十嵐中、佐條麻里（2014）「『薬剤経済』わかりません」東京図書、pp.40-41
厚生労働省（2015）「中央社会保険医療協議会における費用対効果評価の分析ガイドライン」
日本製薬工業協会データサイエンス部会（2016）「治験におけるPatient Reported Outcomes——臨床開発担当者のためのＰＲＯ利用の手引き」pp.1-46
廣實万里子、五十嵐中（2017）「医療経済評価における生産性損失の取扱い方」『政策研ニュース』52、pp.20-25
福田敬（2013）「医薬経済評価の手法」鎌江伊三夫、林良造、城山秀明監修『医療技術の経済評価と公共政策』じほう、pp.96-106
福田敬、白岩健、池田俊也、五十嵐中、赤沢学、石田博、能登真一、齋藤信也、坂巻弘之、下妻晃二郎、田倉智之、福田治久、森脇健介、冨田奈穂子、小林慎（2013）「医療経済評価研究における分析手法に関するガイドライン」『保健医療科学』62（6）、pp.625-640

第４章

Adda, Jérôme and Francesca Cornaglia（2006）“Taxes, Cigarette Consumption, and Smoking Intensity,” *American Economic Review*, 96（4）, pp.1013-1028.
Allen, Luke N, Jessica Pulla, Kremlin K. Wickramasinghe, Julianne Williams, Nia Roberts, Bente Mikkelsen, Cherian Varghese and Nick Townsend（2008）“Evaluation of Research on Interventions Aligned to WHO ‘Best Buys’ for NCDs in Low-income and Lower-middle-income Countries: A Systematic Review from 1990 to 2015,” *BMJ Global Health*, 3: e000535.
Becker, Gary and Kevin Murphy（1988）“A Theory of Rational Addiction,” *Journal of Political Economy*, 96（4）, pp.675-700.
Bernheim, B. Douglas and Antonio Rangel（2004）“Addiction and

Cue-triggered Decision Processes," *American Economic Review*, 94 (5), pp.1558-1590.

Carver, Charles and Michael Scheier (1982) "Control Theory: A Useful Conceptual Framework for Personality-social, Clinical, and Health Psychology," *Psychological Bulletin*, 92 (1), pp.111-135.

Charness, Gary and Uri Gneezy (2009) "Incentives to Exercise," *Econometrica*, 77 (3), pp.909-931.

Chetty, Raj, Adam Looney and Kory Kroft (2009) "Salience and Taxation: Theory and Evidence," *American Economic Review*, 99 (4), pp.1145-1177.

Christakis, Nicholas A. and James Fowler (2007) "The Spread of Obesity in a Large Social Network Over 32 Years," *New England Journal of Medicine*, 357 (4), pp.370-379.

Colchero, M. Arantxa, Barry M. Popkin, Juan A. Rivera and Shu Wen Ng (2016) "Beverage Purchases from Stores in Mexico under the Excise Tax on Sugar Sweetened Beverages: öbservational Study," *BMJ*, 352, h6704.

Cotti, Chad, Erik Nesson and Nathan Tefft (2016) "The Effects of Tobacco Control Policies on Tobacco Products, Tar, and Nicotine Purchases among Adults: Evidence from Household Panel Data," *American Economic Journal: Economic Policy*, 8 (4), pp.103-123.

Craig, Peter, Cyrus Cooper, David Gunnell, Sally Haw, Kenny Lawson, Sally Macintyre, David Ogilvie, Mark Petticrew, Barney Reeves, Matt Sutton and Simon Thompson (2012) "Using Natural Experiments to Evaluate Population Health Interventions: New Medical Research Council Guidance," *Journal of Epidemiology & Community Health*, 66 (12), pp.1182-1186.

Cutler, David M. and Adriana Lleras-Muney (2010) "Understanding Differences in Health Behaviors by Education," *Journal of Health Economics*, 29 (1), pp.1-28.

Deaton, Angus and John Muellbauer (1980) "An Almost Ideal Demand System," *American Economic Review*, 70 (3), pp.312-326.

Diamond, Adele (2013) "Executive Functions," *Annual Review of Psychology*, 64 (1), pp.135-168.

Dolan, Paul, Michael Hallsworth, David Halpern, Dominic King and Ivo Vlaev (2010) "Mindspace: Influencing Behaviour for Public Policy," Institute of Government.

Fudenberg, Drew and David Levine (2006) "A Dual-self Model of Impulse Control," *American Economic Review*, 96 (5), pp.1449-1476.

Grossman, Michael (1972) "On The Concept of Health Capital and The Demand for Health," *Journal of Political Economy*, 80 (2), pp.223-255.

Gruber, Jonathan and Botond Köszegi (2001) "Is Addiction 'Rational'? Theory and Evidence," *Quarterly Journal of Economics*, 116 (4), pp.1261-1303.

Hollands, Gareth, Ian Shemilt, Theresa Marteau, Susan Jebb, Michael Kelly, Ryota Nakamura, Marc Suhrcke and David Ogilvie (2013) "Altering Micro-environments to Change Population Health Behaviour: Towards an Evidence Base for Choice Architecture Interventions," *BMC Public Health*, 13: 1218.

House of Lords Science and Technology Select Committee (2011) "Behaviour Change," *House of Lords*, UK Parliament.

Johnson, Eric J. and Daniel Goldstein (2003) "Do Defaults Save Lives?" *Science*, 302 (5649), pp.1338-1339.

Loewenstein, George, Cindy Bryce, David Hagmann and Sachin Rajpal (2015) "Warning: You are About to be Nudged," *Behavioral Science & Policy*, 1 (1), pp.35-42.

Marteau, Theresa M., Gareth J. Hollands and Paul C. Fletcher (2012) "Changing Human Behavior to Prevent Disease: The Importance

of Targeting Automatic Processes," *Science*, 337 (6101), pp.1492-1495.

Ni Mhurchu, Cliona, Tony Blakely, Yunnan Jiang, Helen C. Eyles and Anthony Rodgers (2010) "Effects of Price Discounts and Tailored Nutrition Education on Supermarket Purchases: A Randomized Controlled Trial," *American Journal of Clinical Nutrition*, 91 (3), pp.736-747.

O'Donoghue, Ted and Matthew Rabin (1999) "Doing It Now or Later," *American Economic Review*, 89 (1), pp.103-124.

Roberto, Christina A. and Ichiro Kawachi eds. (2015) *Behavioral Economics and Public Health*, Oxford University Press.

Silver, Lynn D., Shu Wen Ng, Suzanne Ryan-Ibarra, Lindsey Smith Taillie, Marta Induni, Donna R. Miles, Jennifer M. Poti and Barry M. Popkin (2017) "Changes in Prices, Sales, Consumer Spending, And Beverage Consumption One Year after a Tax on Sugar-sweetened Beverages in Berkeley, California, US: A Before-and-after Study," *PLoS Medicine*, 14 (4) : e1002283.

Sunstein, Cass (2015) "The Ethics of Nudging," *Yale Journal on Regulation*, 32 (2), pp.413-450.

Tabuchi, Takahiro, Takeo Fujiwara and Tomohiro Shinozaki (2017) "Tobacco Price Increase and Smoking Behaviour Changes in Various Subgroups: A Nationwide Longitudinal 7-year Follow-up Study Among a Middle-aged Japanese Population," *Tobacco Control*, 26 (1), pp.69-77.

Thaler, Richard H. and Cass R. Sunstein (2008) *Nudge: Improving Decisions About Health, Wealth, and Happiness*, Yale University Press (セイラー、リチャード、キャス・サンスティーン著、遠藤真美訳 (2009)『実践　行動経済学――健康・富・幸福への聡明な選択』日経 BP).

Vlaev, Ivo, Dominic King, Paul Dolan and Ara Darzi (2016) "The

Theory and Practice of "Nudging" : Changing Health Behaviors," *Public Administration Review*, 76 (4), pp.550-561.

Wagstaff, Adam and Anthony Culyer (2012) "Four Decades of Health Economics Through a Bibliometric Lens," *Journal of Health Economics*, 31 (2), pp.406-439.

Wisdom, Jessica, Julie S. Downs and George Loewenstein (2010) "Promoting Healthy Choices: Information Versus Convenience," *American Economic Journal: Applied Economics*, 2 (2), pp.164-178.

World Bank (2015) "World Development Report 2015: Mind, Society, and Behavior," World Bank Group.

World Health Organization (WHO) (2016) "Fiscal Policies for Diet and the Prevention of Noncommunicable Diseases," World Health Organization.

World Health Organization (WHO) (2017) "Tackling NCDs: 'Best Buys' and Other Recommended Interventions for the Prevention and Control of Noncommunicable Diseasesic," World Health Organization.

伊藤ゆり、中村正和（2013）「たばこ税・価格の引き上げによるたばこ販売実績への影響」『日本公衆衛生雑誌』60（9）、pp. 613-618

大竹文雄、平井啓（2018）『医療現場の行動経済学――すれちがう医者と患者』東洋経済新報社

健康保険組合連合会（2016）「平成26年度生活習慣病医療費の動向に関する調査分析」（https://www.kenporen.com/study/toukei_data/pdf/chosa_h27_03_3.pdf）

厚生労働省（2014）「平成26年版厚生労働白書　健康長寿社会の実現に向けて――健康・予防元年」（http://www.mhlw.go.jp/wp/hakusyo/kousei/14/）

厚生労働省（2016）「保健医療2035　提言書」（https://www.mhlw.go.jp/file/04-Houdouhappyou-12601000-Seisakutoukatsukan-

Sanjikanshitsu_Shakaihoshoutantou/0000088647.pdf)

第5章

Akobeng, Anthony K. (2005) "Understanding Randomized Controlled Trials," *Archives of Disease in Childhood*, 90 (8), pp.840-844.

Andreyeva, Tatiana, Michael W. Long and Kelly D. Brownell (2010) "The Impact of Food Prices on Consumption: A Systematic Review of Research on the Price Elasticity of Demand for Food," *American Journal of Public Health*, 100 (2), pp.216-222.

Beales, Stephen and Peter C. Smith (2012) "The Role of Primary Health Care in Controlling the Cost of Specialist Health Care," *Nordic Economic Policy Review*, 2, pp.153-186.

Briggs, Adam D. M., Oliver T. Mytton, Ariane Kehlbacher, Richard Tiffin, Mike Rayner and Peter Scarborough (2013) "Overall and Income Specific Effect on Prevalence of Overweight and Obesity of 20% Sugar sweetened Drink Tax in UK: Econometric and Comparative Risk Assessment Modelling Study," *BMJ*, 347, f6189.

British Medical Association and National Health Service (2015) "2015/16 General Medical Services (GMS) Contract Quality and Outcomes Framework (QOF) : Guidance for GMS contract 2015/16," NHS Employers.

Culyer, Anthony J., Chai Podhisita and Benjarin Santatiwongchai (2016) *A Star in the East: A Short History of HITAP*, Health Intervention and Technology Assessment Program (HITAP).

Deaton, Angus S. (2009) "Instruments of Development: Randomization in the Tropics, and the Search for the Elusive Keys to Economic Development," *NBER Working Paper*, No.14690.

Department of Health (2008) "Guidance on the Routine Collection of Patient Reported Outcome Measures (PROMs)," London: The

Stationery Office.

Dusheiko, Mark, Hugh Gravelle, Stephen Martin, Nigel Rice and Peter C. Smith (2010) "Does Disease Management Reduce Hospital Costs? Evidence from English Primary Care," *Journal of Health Economics*, 30 (5), pp.919-932.

Gaynor, Martin, Rodrigo Moreno-Serra and Carol Propper (2013) "Death by Market Power: Reform, Competition, and Patient Outcomes in the National Health Service," *American Economic Journal: Economic Policy*, 5 (4), pp.134-166.

Glasgow, Russel E., Edward Lichtenstein and Alfred C. Marcus (2003) "Why Don't We See More Translation of Health Promotion Research to Practice? Rethinking the Efficacy-to-Effectiveness Transition," *American Journal of Public Health*, 93 (8), pp.1261-1267.

Gray, J.A. Muir (2001) *Evidence-Based Healthcare: How to Make Health Policy and Management Decisions: 2nd ed*, Churchill Livingstone (津谷喜一郎、高原亮治監訳『エビデンスに基づくヘルスケア――ヘルスポリシーとマネージメントの意思決定をどう行うか』エルゼビア・ジャパン、2005年).

Gutacker, Nils, Luigi Siciliani, Giuseppe Moscelli and Hugh Gravelle (2016) "Choice of Hospital: Which Type of Quality Matters?" *Journal of Health Economics*, 50, pp.230-246.

Guyatt, Gordon H. (1991) "Evidence-based Medicine," *ACP Journal Club*, 114 (2), A16.

Haute Autorité de Santé (HAS) (2012) *Guide Choix: Méthodologiques Pour L'évaluation Ééconomique à la HAS*, Haute Autorité de Santé.

Health and Social Care Information Centre (2015) "General and Personal Medical Services: England 2004-14," Health and Social Care Information Centre.

Imbens, Guido W. (2010) "Better LATE Than Nothing: Some Comments on Deaton(2009)and Heckman and Urzua(2009),"*Journal of Economic Literature*, 48 (2), pp.399-423.

Kessler, Daniel P. and Mark B. McClellan (2000) "Is Hospital Competition Socially *Wasteful?" Quarterly Journal of Economics*, 115 (2), pp.577-615.

Marshall, Martin and Martin Roland (2017) "The Future of the Quality and Outcomes Framework in England," *BMJ*, 359, j4681.

McShane, Michael and Edward Mitchell (2015) "Person Centred Coordinated Care: Where does the QOF Point Us?" *BMJ*, 350, h2540.

National Institute for Health and Care Excellence (NICE) (2013) *Guide to the Methods of Technology Appraisal 2013*, National Institute for Health and Care Excellence.

Nawata, Kazumitsu and Koichi Kawabuchi (2016) "Did the Revision of the Japanese Medical Payment System Work Properly?: An Analysis of Averages and Variances of Length of Hospital Stay for Type 2 Diabetes Patients by Individual Hospital," *Health*, 8 (6), pp.505-517.

Rutter, Jill (2010) "Evidence and Evaluation in Policy Making: A Problem of Supply or Demand?" London: Institute for Government.

Sackett, David L., William M.C. Rosenberg, J.A. Muir Gray, R. Brian Haynes and W. Scott Richardson (1996) "Evidence Based Medicine: What It Is and What It Isn't," *BMJ*, 312 (7023), pp.71-72.

Santos, Rita, Hugh Gravelle and Carol Propper (2017) "Does Quality Affect Patients' Choice of Doctor? Evidence from England," *Economic Journal*, 127 (600), pp.445-494.

Smith, Peter C. (2014) "The Role of Primary Health Care in Controlling the Cost of Specialist Health Care," Managing

Integration of Long Term Care for Elderly and Policy Implication（高齢者介護・介護統合モデルの構築と政策への適用）、成城学園創立100周年記念・国際シンポジウム報告書.

Stange, Kurt C. and Robert L. Ferrer（2009）“The Paradox of Primary Care,” *Annals of Family Medicine*, 7（4）, pp.293-299.

Timmins, Nicholas, Sir Michael Rawlins and John Appleby（2016）*A Terrible Beauty: a Short History of NICE: The National Institute for Health and Care Excellence*, Health Intervention and Technology Assessment Program.

World Health Organization（WHO）（2015）“Global Survey on Health Technology Assessment by National Authorities: Main Findings,” World Health Organization.

Zizzo, Daniel J., Melanie Parravano, Ryota Nakamura, Suzanna Forwood and Marc Suhrcke（2016）“The Impact of Taxation and Signposting on Diet: An Online Field Study With Breakfast Cereals and Soft Drinks,” *Centre for Health Economics Research Paper*, 131.

池田俊也、小野塚修二（2005）「製薬企業における薬剤経済学への取り組み状況――薬価算定時の利用における現状と課題」『医療と社会』14（4）、pp.145-158

五十嵐中（2013）「医薬品の経済評価事例と活用の可能性」『保健医療科学』62（6）、pp.605-612

葛西龍樹（2002）「家庭医療――家庭医をめざす人・家庭医と働く人のために」ライフメディコム

川越正平、澤憲明（2015）「クロストーク 日英地域医療――第９回ピア・レビューや外部監査の機能を持つ英国の医療」『医学界新聞』3138号、2015年８月24日（www.igaku-shoin.co.jp/paperDetail.do?id=PA03138_06）

経済セミナー編集部編（2016）『進化する経済学の実証分析』経済セミナー増刊、日本評論社

坂巻弘之、広森伸康、油谷由美子、久保田健、中村景子（2001）「わが国の新薬薬価算定における薬剤経済学資料の現状と政策利用における課題――1997～2000年に収載された114品目における日本製薬工業協会加盟会社への調査」『薬剤疫学』6（2）、pp. 83-100
ポーター、セオドア（2013）『数値と客観性――科学と社会における信頼の獲得』みすず書房
中山健夫（2014）『健康・医療の情報を読み解く――健康情報学への招待（第２版）』丸善出版
福田敬、白岩健、池田俊也、五十嵐中、赤沢学、石田博、能登真一、齋藤信也、坂巻弘之、下妻晃二郎、田倉智之、福田治久、森脇健介、冨田奈穂子、小林慎（2013）「医療経済評価研究における分析手法に関するガイドライン」『保健医療科学』62（6）、pp.625-640

第6章

Asaria, Miqdad, Susan Griffin, Richard Cookson, Sophie Whyte and Paul Tappenden（2015）"Distributional Cost-effectiveness Analysis of Health Care Programmes: A Methodological Case Study of the UK Bowel Cancer Screening Programme," *Health Economics*, 24（6）, pp.742-754.
Dakin, Helen, Nancy Devlin, Yan Feng, Nigel Rice, Phill O' Neill and David Parkin（2015）"The Influence of Cost-effectiveness and Other Factors on NICE Decisions," *Health Economics*, 24（10）, pp.1256-1271.
Farrant, Anthony（2009）"The Fair Innings Argument and Increasing Life Spans," *Journal of Medical Ethics*, 35（1）, pp.53-56.
Hadorn, David C.（1991）"Setting Health Care Priorities in Oregon: Cost-effectiveness Meets the Rule of Rescue," *JAMA*, 265（17）, pp.2218-2225.
Harris, John（1987）"QALYfying the Value of Life," *Journal of Medical Ethics*, 13, pp.117-123.

Haute Autorité de Santé (HAS) (2011) *Guide Méthodologique: Choix Méthodologiques Pour L' évaluation Économique à la HAS*, Haute Autorité de Santé.

Jonsen, Albert R. (1986) "Bentham in a Box: Technology Assessment and Health Care Allocation," *Journal of Law, Medicine and Ethics*, 14 (3-4), pp.172-174.

Linley, Werren G. and Dyfrig A. Hughes (2013) "Societal Views on NICE, Cancer Drugs Fund and Value-Based Pricing Criteria for Prioritizing Medicines: A Cross-sectional Survey of 4118 Adults in Great Britain," *Health Economics*, 22 (8), pp.948-964.

National Audit Office (2015) "Investigation into the Cancer Drugs Fund," London: National Audit Office.

National Institute for Health and Care Excellence (NICE) (2004, 2009, 2013) *Guide to the Methods of Technology Appraisal*, The National Institute for Health and Care Excellence.

National Institute for Health and Care Excellence (NICE) (2014) *Consultation Paper: Value Based Assessment of Health Technologies*, The National Institute for Health and Care Excellence.

National Institute for Health and Care Excellence (NICE) (2016) *Technology Appraisal Guidance 394 (TA394) Evolocumab for Treating Primary Hyperchoresterolaemia and Mixed Dyslipidaemia*, The National Institute for Health and Care Excellence.

National Institute for Health and Care Excellence (NICE) (2017) *Technology Appraisal Guidance 483 (TA483) Nivolumab for Previously Treated S quamous Non-small-cell Lung Cancer*, The National Institute for Health and Care Excellence.

Stewart, G., L. Eddoes, L. Hamerslag and J. Kusel (2014) "The Impact of NICE's End-of-life Threshold on Patient Access to New

Cancer Therapies in England and Wales," Value in Health, 17（3）, pp.A6.

Weinstein, Milton C.（1988）"Editorial: A QALY is a QALY is a QALY - Or is It?" *Journal of Health Economics*, 7, pp.289-290.

中村良太（2017）「医療資源配分における健康機会費用アプローチ」『医療経済研究』29（1）、pp.18-32

第7章

Chan, Margaret（2008）"Return to Alma Ata," *Lancet*, 372（9642）, pp.865-866.

Chan, Margaret（2013）"The rising Importance of Family Medicine" Keynote Address at the 2013 World Congress of the World Organization of Family Doctors（WONCA）, Prague, Czech Republic, 26 June 2013（http://www.who.int/dg/speeches/2013/family_medicine_20130626/en/index.html, Accessed May 4, 2019）.

Glassman, Amanda, Ursula Giedion and Peter C. Smith（2017）*What' s In, What' s Out: Designing Benefits for Universal Health Coverage*, Center for Global Development.

Ii, Masako and Bing Niu（2019）"Are Japanese People Satisfied with Their Health Care System and Services? Empirical Evidence form Survey Data," *Health Policy*, 123, pp.345-352.

Jamison, Dean T., Lawrence H. Summers, George Alleyne, Kenneth J. Arrow, Seth Berkley, Agnes Binagwaho, Flavia Bustreo, David Evans, Richard G. A. Feachem, Julio Frenk, Gargee Ghosh, Sue J. Goldie, Yan Guo, Sanjeev Gupta, Richard Horton, Margaret E. Kruk, Adel Mahmoud, Linah K. Mohohlo, Mthuli Ncube, Ariel Pablos-Mendez, K. Srinath Reddy, Helen Saxenian, Agnes Soucat, Karen H. Ulltveit-Moe and Gavin Yamey（2013）"Global Health 2035: A World Converging within a Generation," Lancet, 382（9908）, pp.1898-1955.

Mladovsky, Philipa（2014）“Why do People Drop Out of Community-Based Health Insurance? Findings from an Exploratory Household Survey in Senegal,” *Social Science & Medicine*, 107, pp.78-88.

Starfield, Barbara（1998）*Primary Care: Balancing Health Needs, Service, and Technology*, Oxford University Press.

Starfield, Barbara, Leiyu Shi and James Macinko（2005）*“Contribution of Primary Care to Health Systems and Health,” Milbank Quarterly*, 83（3）, pp.457-502.

van Weel, Cris and Michael R. Kidd（2018）“Why Strengthening Primary Health Care is Essential to Achieving Universal Health Coverage,” Canadian Medical Association Journal（CMAJ）, 190（15）, E463-E466; DOI: https://doi.org/10.1503/cmaj.170784

井伊雅子（2015）「医療分野の改革の方向性」『社会保障改革しか道はない』NIRA 研究報告書 5、pp.9-26

葛西龍樹（2018）「プライマリ・ヘルス・ケアとプライマリ・ケア：家庭医・総合診療医の視点」『国際保健医療』33（2）、pp.79-92

中村良太（2017）「医療資源配分における健康機会費用アプローチ」『医療経済研究』29（1）、pp.18-32

新《しん》医《い》療《りょう》経《けい》済《ざい》学《がく》

医療《いりょう》の費用《ひよう》と効果《こうか》を考《かんが》える

2019年10月20日　第１版第１刷発行
2020年３月10日　第１版第２刷発行

著　者 —— 井伊雅子・五十嵐中・中村良太
発行所 —— 株式会社日本評論社
〒170-8474　東京都豊島区南大塚3-12-4
電話　03-3987-8621（販売）　03-3987-8595（編集）
URL　https://www.nippyo.co.jp/
印　刷 —— 精文堂印刷株式会社
製　本 —— 株式会社難波製本
装　幀 —— 菊地幸子
検印省略 © Masako Ii, Ataru Igarashi and Ryota Nakamura
ISBN978-4-535-55923-3　Printed in Japan